U0143265

管理逻辑

把握商业本质的中国路径

王劲松◎编著

北京大学出版社

PEKING UNIVERSITY PRESS

图书在版编目 (CIP) 数据

管理逻辑：把握商业本质的中国路径 / 王劲松编著 . —北京：北京大学出版社，2023.7
ISBN 978–7–301–34102–5

Ⅰ.①管… Ⅱ.①王… Ⅲ.①企业管理 Ⅳ.① F272

中国国家版本馆 CIP 数据核字 (2023) 第 110154 号

书　　　名	管理逻辑——把握商业本质的中国路径
	GUANLI LUOJI——BAWO SHANGYE BENZHI DE ZHONGGUO LUJING
著作责任者	王劲松　编著
策 划 编 辑	姚成龙
责 任 编 辑	桂　春　张劲明
标 准 书 号	ISBN 978–7–301–34102–5
出 版 发 行	北京大学出版社
地　　　址	北京市海淀区成府路 205 号　100871
网　　　址	http://www.pup.cn　新浪微博 : @北京大学出版社
电 子 邮 箱	编辑部 zyjy@pup.cn　总编室 zpup@pup.cn
电　　　话	邮购部 010–62752015　发行部 010–62750672
	编辑部 010–62754934
印 刷 者	北京中科印刷有限公司
经 销 者	新华书店
	787 毫米 ×1092 毫米　32 开本　10 印张　185 千字
	2023 年 7 月第 1 版　2023 年 7 月第 1 次印刷
定　　　价	68.00 元

作者简介

　　王劲松，本科毕业于北京大学数学系，硕士和博士毕业于北京大学光华管理学院。博士毕业后留校，任北京大学工学院工业工程管理系特聘研究员，工程技术研究院助理院长，长期从事产学研协同创新和科技成果转化工作，获得北京市科技进步奖等多项省部级奖项。后从北大离职创业，创立燕园同创生物科技有限公司和诺必达 Rebuild 品牌，致力于以再生医学和生命科技新材料新技术为基础的生命科技新产品的研发、生产与推广。主讲课程：孙子兵法与管理之道，博弈论与处世智慧等。

创业兵法：从失败走向成功

劲松是我北大的师弟，博士毕业后长期教书育人，积极推动科技成果转化，目前也在创业。

劲松把自己十余年在北大主讲课程的精华浓结成本书，请我写序，我非常愿意。古人讲立德、立功、立言，能够并且愿意将自己多年的感悟和经验结集成书出版分享，相当于法布施，功德无量。

劲松说我写的《创业36条军规》他读了很多遍，那本书也给了他很多启发。这我完全相信，因为创业是一门科学，既然是科学，就有原理、定理和公式，当然，英雄所见略同。

在科学中，不知道公式就一定解不开题，知道部分公式也不一定能解开题，但如果知道全套公式，大概率就能够解开题。

这也是我创办昆仑学堂体系型创业学院的目的，我希望把我二十多年创业中总结出来的一整套理念、方法和工具传授给大家，帮助大家少走弯路，解决创业路上各种难题。

创业科学不是孤立的，创业、修身和管理彼此相互依存、相互转化，你中有我、我中有你，只有进行三位一体式的修行，才能修成正果。

创业是一门知行合一的科学，掌握正确的理论是前提，但并不是结果。能背诵所有关于游泳的理论、每一种泳姿的动作要领，但若不去实践、练习，跳到水池中依然会被淹死；《天龙八部》中的王语嫣熟读所有武功秘籍，但未曾习武，所以依然手无缚鸡之力，连半个毛头小伙都打不过……仅仅掌握理论不能创业成功，还需要按照理论去实践，并且通过实践解决问题，达成自己的创业目标，才算修成正果。

社会科学的迷惑性在于，几乎所有人都觉得自己很懂社会科学，所以很少有人认为自己应该进行专门的学习，即便知道需要学习，也是东看一本书、西听一个讲座地学习，极少有人会像读中学、大学一样系统地学习。

这也是创业者最可悲的地方。多年来，我亲眼看到很多创业者，因为对创业知识的无知，而像在沙漠里种地、戈壁上打井一样徒劳无功，在注定无法成功的路上耗尽家产最终以创业失败收尾，而他们在创业过程中应该领悟却一直没有领悟的创业理论和管理方法，其实是很多成功者的常识。

学习一定要找名师。所谓名师，就是不但知其然而且知其所以然，亲自实践过，同时善于总结、善于传授的人。

自己理解但是不会因材施教不是名师。教育的最大特点是要因材施教，所以，不同的弟子问孔子相同的问题，孔子的回答都不相同，甚至会截然相反；释迦牟尼证悟得道之后，针对不同的人用八万四千法门讲述相同的佛法……

劲松写此书，是把自己多年学习、感悟的创业理论和方法整理出来分享给大家，这是非常大的功德，建议大家认真阅读，一定会对大家有帮助的。

诚挚推荐。

孙陶然

拉卡拉集团、考拉基金、昆仑学堂体系型创业学院创始人

蓝色光标集团联合创始人

《创业 36 条军规》《有效管理的 5 大兵法》《精进有道》作者

推荐序 2
运筹帷幄之中，纵横千里之外

横看成岭侧成峰，远近高低各不同。对有的人来说，《孙子兵法》是一部军事巨著；对有的人来说，《孙子兵法》是一部哲学巨著；对有的人来说，《孙子兵法》是一部谋略巨著。作为管理咨询业三十年的老兵，我更倾向于认为《孙子兵法》是一部管理巨著。

事实上，古今中外诸多名家也有这样的看法。被尊为"商祖"的白圭在2000多年前就说过："吾治生产（做生意）犹伊尹吕尚之谋，孙吴用兵，商鞅行法是也。"海尔集团的创始人张瑞敏在企业发展遭遇困难的时候，总会到《孙子兵法》中寻找答案。日本"经营之神"松下幸之助甚至能全文背诵《孙子兵法》。日本企业家孙正义曾公开宣称："如果没有《孙子兵法》，就没有我孙正义。"哈佛大学和哥伦比亚大学等世界顶级的商学院也把《孙子兵法》列为必读书。

如果企业家能读懂《孙子兵法》,那么很多企业就不会陷入无法自拔的困境。随着俄乌战争爆发、中美外交角力愈发激烈,企业所面临的竞争也空前激烈,很多企业甚至正在生死线上奋力挣扎,"活下去""有质量地活着"成为企业的首要奋斗目标。在当下,商场已然成为生死存亡的战场,以立于不败为核心思想的《孙子兵法》对目前企业的生存发展有着空前重要的价值。

我曾看过很多关于《孙子兵法》的著作,它们或者侧重于军事,或者侧重于理论学术,或者成书年代久远,或者缺少中国本土的案例,或者不成体系、缺乏深度。一直没有一本比较理想的书籍能够推荐给企业家和经营管理人员,以帮助他们快速地了解掌握《孙子兵法》的核心思想并学以致用。

劲松校友的这本书,既涵盖了他在北大讲授的"孙子兵法与管理智慧"的课程精华,也有他近些年做天使投资人的感悟,最后也有他自己作为创业者的实践。劲松独特的经历使得他具有融合的思维,这种思维也体现在他对《孙子兵法》独特新颖的理解和诠释之中,能给读者特别是企业家、创业者和管理者诸多启迪。希望更多的企业家和创业者，能够学习掌握《孙子兵法》，能够运筹帷幄之中，纵横千里之外。

王 璞
北大纵横创始人、全国劳动模范

作者自序
把握商业本质的中国路径

商业的本质，是在不确定的环境中力争取得竞争的优势。

随着时代的发展，特别是信息技术和物流基础设施的飞速提升，商业沟通、决策、交易、交付等已经部分甚至全部实现数字化、电子化。量化技术、BI(商务智能)、AI(人工智能)、机器人、完善快捷的物流系统等，都极大地加快了商业流程，缩短了商业周期，再加上市场瞬息变化，商业环境的不确定性越来越大，企业家面临的管理挑战日益严峻。

面对挑战，一些睿智的企业家将眼光投向了远古的东方，去寻找启迪管理的智慧。

幸运的是，确实有这么一位华夏先哲，他的一篇巨著历经 2500 年，被翻译成 30 多种文字。时至今天，他思想的光辉不仅没有消退，反而更加璀璨夺目，宛若天际的一盏明灯，指引着茫茫迷雾中上下求索的人们。

这篇巨著字字珠玑，蕴含着无尽的哲理。参悟透这本上古秘籍，你就能将商业的本质和驾驭它的管理逻辑把玩于股掌之中。

这篇巨著，就是中华瑰宝《孙子兵法》，它是中国先哲对于战争规律的最深邃的理解，它是在最残酷的博弈竞争中的生存法则。它被古今中外无数军人奉为圭臬，也被众多政商领袖视为珍宝。博弈越残酷、竞争越激烈、生存越艰辛，它的参考价值就越大。

随着人类进入信息时代，大数据在商业竞争和企业管理中的地位和作用日益凸显。被誉为"人工智能之父"、1978 年诺贝尔经济学奖获得者赫伯特·西蒙认为：管理就是决策。高质量决策的基础和前提是高质量的信息，而这一点，孙子在 2500 年前就已明确指出，那就是国人耳熟能详的"知彼知己，百战不殆；不知彼而知己，一胜一负；不知彼，不知己，每战必败"。孙子还在《孙子兵法》中指出，"夫未战而庙算胜者，得算多也；未战而庙算不胜者，得算少也。多算胜少算不胜，而况于无算乎！"这句话用现代的语言来说就是"战争就是决策"。这与西蒙的观点有异曲同工之妙。

从这个角度看，《孙子兵法》的核心就是如何在不确定的环境中作出最优决策，以最大程度消除胜利的不确定性。以笔者的理解，孙子的战争管理逻辑就是"谋定而动，先胜后战，立于不败，胜于易胜"。

孙子提出的兵家五事"道天地将法"，更是现代组织管理的基础。

孙子说："道者，令民与上同意，可与之死，可与之生，而不畏危也。"这里的道就是人心，就是同心同德，得道就是得人心，得人心者便可得天下。对于包括企业在内的组织来说，第一重要的事就是要得人心，这包括外得客户之心，内得员工之心。组织就是要为客户、为员工、为社会创造价值，就是要做正确的事。

孙子说："天者，阴阳、寒暑、时制也。"这里的天就是天时。《孟子》中也说："虽有智慧，不如乘势，虽有镃基，不如待时。"对于管理来说，天是什么呢？无疑就是正确的时间，就是商业决策和行动都必须要去顺应的宏观政商环境，以及技术、产业和市场发展的大趋势。

孙子说："地者，远近、险易、广狭、死生也。"这里的地就是地利。对于管理来说，地就是市场的选择、营销、开拓和竞争。孙子说："用兵之法，有散地，有轻地，有争地，有交地，有衢地，有重地，有圮地，有围地，有死地。"随着生活节奏的不断加快和经济全球化特别是"一带一路"进程的日益深化，管理者面临的市场变化和竞争态势越来越复杂多变，机会和挑战并存。在这种情况下，用孙子的话来说就是"九地之变，屈伸之利，人情之理，不可不察也"。对于今天的企业管理者来说，既有本土市场，也有海外市场；既有红海市场，也有蓝海市场；既有头部市场，也有长尾市场；既有大众市场，也有利基市场；既有现货市场，也有期货市场。孙子针对"九地"和竞争的各种情形总结的"因地制宜、因敌制胜、出其不意、攻其不备、避实击虚、以十攻一（单点突破）"的竞争策略，在今天仍有不可估量的价值。

孙子说："将者，智、信、仁、勇、严也。"这里的将，就是管理团队，孙子针对管理团队提出了五个方面的要求，可以称之为兵家五德。孙子将"智"作为五德之首，更是体现了管理就是决策的思想。而"信、仁、勇、严"则是管理者能够凝聚人心、带好队伍的关键。孙子不仅提出了将之五德，也指出了将之五危，值得每个管理者引以为戒。

孙子说："法者，曲制、官道、主用也。"这里的法，就是军队的组织编制、将吏的管理和军需的掌管。对管理者来说，就是组织的机构设置、人事管理、后勤保障以及相关的规章制度，也可以引申为商业模式。相比规章制度本身，孙子更加强调规章制度的执行，最好的制度就是简单、高效、可执行性高的制度。

孙子对"道天地将法"高度重视，说："凡此五者，将莫不闻，知之者胜，不知者不胜。"在此基础上他又提出"七计"——主孰有道？将孰有能？天地孰得？法令孰行？兵众孰强？士卒孰练？赏罚孰明？从七个方面去考察比较"五事"。然后他说，"吾以此知胜负矣"。

对于管理者而言，"七计"不仅可以作为中国版的SWOT分析，用来与竞争对手进行对比，也可以将其作为定期自我审视、检查得失、持续改进的镜子和工具。

对于投资者而言，"七计"就是一个简洁高效的投资评估体系，对中国的股权投资者极其具有参考价值。

对于创业者而言，"五事"就是一个理想的BP（商业计划书）模板，"七计"就是一个可执行的创业指南。

从现代博弈论的角度来看，《孙子兵法》是非常全面的，它不仅仅讲非合作博弈，也讲合作博弈，而且更加强调和重视合作博弈。它虽然也讲"兵者，诡道也"这样的非合作博弈策略，但开篇及全书讲得更多的是

"道天地将法"这样的合作博弈内容。它指出"夫用兵之法，全国为上，破国次之；全军为上，破军次之；全旅为上，破旅次之；全卒为上，破卒次之；全伍为上，破伍次之。是故百战百胜，非善之善者也；不战而屈人之兵，善之善者也"。从行文来看，孙子通过从"国"到"伍"，反复强调要"全"而不要"破"，可见他对"从对抗走向合作、从竞争走向竞合"的重视。孙子的这些饱含着他的广阔心胸及远见卓识的思想，无论对政治家处理国际政商大事，还是对企业家应对市场竞争挑战，都有着非凡的现实指导意义。

《孙子兵法》虽然只有6075字，但绝对可以说是博大精深，要想在短时间内学习、掌握、理解并学以致用，绝非易事。笔者曾经在北京大学讲授"孙子兵法与管理之道""博弈论与管理智慧"等课程十余年，本硕博先后在北京大学数学系学习过数学专业，在北大光华管理学院学习过管理科学专业和企业管理专业，博士毕业后在北京大学工学院从事过产学研协同创新和科研成果转化，后又从北京大学离职创业。在上述的经历中，笔者从数学、管理、创新、投资、创业各个角度，从理论和实践上不断加深着对《孙子兵法》的理解。本书试图在此基础上，将《孙子兵法》的精华浓缩成管理者必知的"五事""七计""六胜""六败"和"四兵""四诀"，以帮助广大读者特别是企业家、政府各级领导等组织管理者快速准确地把握《孙子兵法》的精髓，并将其应用到自己的管理、创业、投资、理财乃至生活之中，能够更加深刻地理解把握商业的本质，为先圣继绝学，为管理逻辑的中国路径续写理论与实践新的华章。

是为序。

王劲松

目　录

第一章
中华瑰宝《孙子兵法》

一、古今中外第一兵书

《孙子兵法》又称《孙子》《孙武兵法》，是中国现存最早的兵书，相传为 2500 年前的孙武所著。

孙武（约前 545—约前 470），字长卿，春秋末期齐国乐安（今山东省广饶县）人，是春秋时期著名的军事家、政治家，后人尊称其为孙子、孙武子、兵圣、百世兵家之师、东方兵学的鼻祖。

孙子是陈厉公的后裔，本姓妫，氏陈。先祖陈完（厉公之子）为避祸迁居齐国，由陈氏转为田氏，所以又被称为田完。孙子的祖父田书是田完的五世孙，原是齐国大夫，因战功被齐景公封在乐安，并被赐姓"孙"。公元前532年，齐国内乱，孙子离齐赴吴，在吴国都城姑苏（今江苏苏州）隐居，潜心研究兵法。

孙子在吴国结识了名将伍子胥。伍子胥经常与吴王阖闾谈兵，七次向吴王推荐孙子，说孙子"精通韬略，有鬼神不测之机，天地包藏之妙，自著兵法十三篇，世人莫知其能"。阖闾便拜请孙子出山。

孙子向阖闾敬献所著兵书十三篇，阖闾赞不绝口。为考察孙子统兵能力，阖闾挑选了180名宫女交给孙子操练，这就是历史上著名的孙子"吴宫教战斩美姬"的故事。吴宫操练之后，阖闾任命孙子为将军，与伍子胥共同辅佐吴王，安邦治国，发展军事力量。

公元前506年冬，吴国以孙子、伍子胥为将，出兵伐楚。孙子采取"迂回奔袭、出奇制胜"的战法，溯淮河西上，从淮河平原越过大别山，长驱深入楚境千里，直奔汉水，在柏举（今湖北麻城）重创楚军。接着五战五胜，一举攻陷楚国国都郢。

"柏举之战"后，楚国元气大伤，而吴国则声威大震，成为春秋五霸之一。当时，吴国不仅成为南方的强国，而且北方的齐、晋等大国也畏惧吴国。

对于孙子的历史功绩，司马迁在《史记·孙子吴起列传》中写道："西破强楚，入郢，北威齐晋，显名诸侯，孙子与有力焉。"

孙子与孔子、管子、老子等诸子同处春秋时代，那个时代周朝王室已经失控，诸侯列国群雄争霸，战争和谋略成为各国兼并扩张的基本手段。据《史记》记载，"春秋之中，弑君三十六，亡国五十二，诸侯奔走不得保其社稷者不可胜数。"春秋时期总共延续了二百多年，其间发生的战争多达几百次。在如此频繁的战争中，人们积累了丰富的军事经验与教训。由于实际的需要，众多仁人志士研究兵法投身战争，几乎达到"士无不言兵"的地步。就是在这样的历史背景下，诞生了伟大的兵家著作《孙子兵法》。

《孙子兵法》历经 2500 年历史长河的检验，被历代兵法大家广为研究并奉为兵学圣典和古代第一兵书。曹操评价说："吾观兵书战策多矣，孙武所著深矣。"曹操也是第一个注解《孙子兵法》的人。唐太宗李世民评价说："观诸兵书，无出孙武。"

现在，《孙子兵法》已被翻译成多国语言在世界广为流传，并得到了很多学者的高度评价。

日本的军事家们称孙子为"兵圣"，称《孙子兵法》为"东方兵学的鼻祖，武经的冠冕"。法国的拿破仑对

《孙子兵法》赞不绝口，爱不释手。德国的鲁登道夫曾说过，他读过《孙子兵法》之后，佩服中国人，更佩服古代中国人。美国现代军事学著作《大战略：原则与实践》一书的作者约翰·柯林斯指出，孙子是古代第一个形成战略思想的伟大人物。

欧洲诸多学者将包括《战争论》在内的西方兵学著作、古希腊军事著作和古罗马军事著作与中国兵书进行比较，认为以《孙子兵法》为代表的中国兵法更具有军事哲学价值，更具有超越时代的理论价值，也更具有世界价值。与孙子缜密的军事、哲学思想体系，深邃的智慧、哲理相比，欧洲兵法显得逊色。学者们普遍认为，时至今日，中国的《孙子兵法》仍然是世界兵书之首，这个地位是毋庸置疑的。

孙子的思想可以跨越时空，贴近现代的实际，使人们感到这位"孙子"不是昨天的"孙子"，而是今天的"孙子"。孙子的铁杆崇拜者、英国著名战略学家利德尔·哈特说："《孙子兵法》是世界上最早的军事名著，但其内容之全面与理解之深刻，迄今无人超过。……与《战争论》相比，孙子的文章讲得更透彻、更深刻，永远给人以新鲜感。"英国空军元帅约翰·斯莱瑟也在《中国的军事箴言》一文中表示：孙子引人入胜的地方在于他的思想是多么惊人的'时新'——把一切词句稍加变换，他的箴言就像是昨天刚写出来的。

二、《孙子兵法》的体系结构

《孙子兵法》全文十三篇，总计 6075 字，从道义与民心、战略与战术、实力与策略、物质与精神等多个维度，以极其简练的语言，全面阐述了战争的基本规律、胜负的逻辑和真理。周培玉先生在其著作《超越时空的孙子思想》中指出，孙子十三篇既相互联系，又各有侧重，层层递进，从而形成了一个完整严密的逻辑体系。

《始计篇》，主旨是谋划大政方针，研究如何进行决策，主要内容有政治庙算论、诡道十四法，提出了"五事七计"的重要论断。

《作战篇》，主旨是谋划如何进行战争准备，主要内容有经济速战论、补给因敌论，提出了"因粮于敌""兵贵胜，不贵久"的重要论断。

《谋攻篇》，主旨是谋划如何进攻敌国，主要内容有战争全胜论、兵力优劣论、君王统御论，提出了"上兵伐谋""知彼知己，百战不殆"的重要论断。

《军形篇》，主旨是谋划攻守关系，如何创造制胜条件，主要内容有国防备战论、先胜部署论，提出了"胜兵先胜而后求战，败兵先战而后求胜"的重要论断。

《兵势篇》，主旨是谋划如何造成有利的态势来压倒对方，主要内容有组织编制论、兵势奇正论、奇袭造势论、兵势象石论，提出了"凡战者，以正合，以奇胜"的重要论断。

《虚实篇》，主旨是谋划如何以我之实去击敌之虚，主要内容有虚实十心法、虚实战术论、兵形象水论，提出了"兵无常势，水无常形"的重要论断。

《军争篇》，主旨是谋划如何在战争中把握主动权，主要内容有会战迂回论、会战治军论，提出了"兵以诈立"的重要论断。

《九变篇》，主旨是谋划如何根据具体情况灵活应变，主要内容有用兵九变论、利害变通论、将帅性格论，提出了"君命有所不受""将有五危"的重要论断。

《行军篇》，主旨是谋划在行军过程中如何选择军队行动路线，主要内容有行军宿营论、相敌三三诀、文武治军论，提出了"令之以文，齐之以武"的重要论断。

《地形篇》，主旨是谋划如何有效地利用地形条件获胜，主要内容有战术地形论、将帅领导论，提出了"知彼知己，胜乃不殆；知天知地，胜乃不穷"的重要论断。

《九地篇》，主旨是谋划在不同地形、不同场合下如何作战以及突袭作战，主要内容有战略九地论、攻击五战术、战地领导论、地缘治军论、开战方法论，提出了"合于利而动，不合于利而止"的重要论断。

《火攻篇》，主旨是谋划火攻的目标、种类、条件以及实施方法（冷兵器时代火攻是最重要的作战方法之一），主要内容有火攻方法论、安国慎战论，提出了"主不可以怒而兴师，将不可以愠而致战"的重要论断。

《用间篇》，主旨是谋划如何使用间谍、刺探军情、瓦解敌人，主要内容有敌情先知论、战略用间论、用间方法论，提出了"非圣智不能用间，非仁义不能使间，非微妙不能得间之实"的重要论断。

虽然从十三篇的篇名和文字叙述来看，《孙子兵法》似乎显得有些"散"，但实际上篇与篇之间的内在联系十分紧密。它们像古代的阵法一样，极富变化，可方可圆，可刚可柔，可虚可实。如果加以细致分析，可以清晰地看出全书的逻辑结构，全书可分成战争准备（包括始计、作战、谋攻三篇）、用兵规则（包括军形、兵势、虚实三篇）、实战策略（军争、九变、行军三篇）、地形研判（包括地形、九地两篇）、特种作战（包括火攻、用间两篇）五个部分，如图 1-1 所示。

为了方便记忆，不妨用"33322"来描述《孙子兵法》的结构，五个数代表全书由五个部分组成，每个具体的数字代表这个部分由几篇构成。

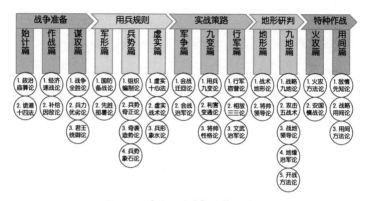

图 1-1 《孙子兵法》的体系结构

三、《孙子兵法》的显著特征

《孙子兵法》有一个十分显著的特征——善于"谋算"。谋什么？谋如何立于不败，如何胜于易胜，如何以最小的代价获取最大的利益。算什么？算实力的强弱，算成败的概率。《孙子兵法》的通篇都体现了这个显著特征。

《孙子兵法》以"计"篇开始，但多数人都误解了《孙子兵法》中的"计"，以为是"奇谋妙计""阴谋诡计""三十六计"，其实《孙子兵法》中的"计"是指"计算"。《孙子兵法》全文6075字中，直接谈论计算的就有 1200 多字。这里的计算指计算实力对比情况、计算胜负概率，这是兵法中技术含量最高的地方，是大数据、高科技！从这种意义上来讲，《孙子兵法》可归类于应用数学，其通篇都是各种数字、计算和逻辑推理，通篇都是在研究如何从各个方面来最大限度地提高成功的概率，从而实现先胜后战，立于不败。所以可以说，《孙子兵法》是人类文明早期最系统的博弈论，而现代博弈论刚好就属于应用数学的范畴。

《孙子兵法》的第一篇就在计算："主孰有道？将孰有能？天地孰得？法令孰行？兵众孰强？士卒孰练？赏罚孰明？吾以此知胜负矣。""夫未战而庙算胜者，得算多也；未战而庙算不胜者，得算少也。多算胜少算不胜，而况于无算乎！吾以此观之，胜负见矣。"

第二篇《作战篇》还是在计算："孙子曰：凡用兵之法，驰车千驷，革车千乘，带甲十万，千里馈粮。则内外之费，宾客之用，胶漆之材，车甲之奉，日费千金，然后十万之师举矣。""善用兵者，役不再籍，粮不三载，取用于国，因粮于敌，故军食可足也。国之贫于师者远输，远输则百姓贫；近师者贵卖，贵卖则百姓财竭；财竭则急于丘役。屈力中原，内虚于家，百姓之费，十去其六；公家之费，破车罢马，甲胄矢弓，戟楯矛橹，丘牛大车，十去其七。故智将务食于敌，食敌一钟，当吾二十钟；萁秆一石，当吾二十石。"

第三篇《谋攻篇》仍然在计算:"故用兵之法,十则围之,五则攻之,倍则分之,敌则能战之,少则能逃之,不若则能避之。故小敌之坚,大敌之擒也。"

以下诸篇亦是如此。第四篇《军形篇》:"兵法:一曰度,二曰量,三曰数,四曰称,五曰胜。地生度,度生量,量生数,数生称,称生胜。故胜兵若以镒称铢,败兵若以铢称镒。胜者之战民也,若决积水于千仞之溪者,形也。"这部分内容讲的是度量计算方法和以多胜少的最简单道理。

第五篇《兵势篇》:"凡战者,以正合,以奇胜。故善出奇者,无穷如天地,不竭如江海。终而复始,日月是也;死而更生,四时是也。声不过五,五声之变,不可胜听也;色不过五,五色之变,不可胜观也;味不过五,五味之变,不可胜尝也;战势不过奇正,奇正之变,不可胜穷也。奇正相生,如循环之无端,孰能穷之哉!"这部分内容实际上讲的是奇正的组合变化问题,即在博弈中如何不让对手掌握自己的规律。

第六篇《虚实篇》:"凡先处战地而待敌者佚,后处战地而趋战者劳。故善战者,致人而不致于人。""故形人而我无形,则我专而敌分。我专为一,敌分为十,是以十攻其一也,则我众敌寡。能以众击寡,则吾之所与战者约矣。""故知战之地,知战之日,则可千里而会战;

不知战地，不知战日，则左不能救右，右不能救左，前不能救后，后不能救前，而况远者数十里，近者数里乎！"

第七篇《军争篇》："举军而争利则不及，委军而争利则辎重捐。是故卷甲而趋，日夜不处，倍道兼行，百里而争利，则擒三将军，劲者先，疲者后，其法十一而至；五十里而争利，则蹶上将军，其法半至；三十里而争利，则三分之二至。"

第九篇《行军篇》："绝水必远水。客绝水而来，勿迎之于水内，令半渡而击之利。"

第十篇《地形篇》："夫地形者，兵之助也。料敌制胜，计险厄远近，上将之道也。知此而用战者必胜，不知此而用战者必败。"

第十二篇《火攻篇》："合于利而动，不合于利而止。"

第十三篇《用间篇》："孙子曰：凡兴师十万，出征千里，百姓之费，公家之奉，日费千金，内外骚动，怠于道路，不得操事者，七十万家。"

所以，《孙子兵法》中的谋略都是基于坚实强大的计算和必胜逻辑的谋略，《孙子兵法》中倡导的胜利是创造必胜条件从而让成功概率最高的胜利，是没有任何侥幸的胜利；是避实击虚，是以多胜少，是胜于易胜；是攻其不备，是出其不意；是攻其所不守，是守其所不攻；是冲其所虚，是退速不可及；是我专为一，敌分为十，是我以十攻一；是我以众击寡，是敌众我寡使其无斗；是以迂为直，以患为利；是知己知彼，是知天知地；是所措必胜，是胜已败之敌。

正是因为胜利是必然的，是胜于易胜，是胜已败之敌，所以这样的胜利"无奇胜、无智名、无勇功"。这样的胜利似巧实拙，似拙实巧，似易实难，似难实易，其核心是战略的先胜和战术的拙胜，是战略上的明智和战术上的勤奋。这样的胜利者才是所谓的善战者。

《孙子兵法》可以说是一部军事计算学，是一部军事大数据。《孙子兵法》对计算和逻辑推理的要求十分高，这也很好地解释了孙子为什么将"智"作为"为将五德"之首。

2500多年后的2016年，谷歌公司的Alpha GO先以4：1的战绩完胜围棋世界冠军李世石，又在快棋赛中以60：0的战绩狂虐人类围棋高手，开创了人工智能的新纪元，也加重了人工智能悲观主义者对人工智能将在不久的未来取代人类成为世界主宰的担忧。以人工智能为代表的IT技术的成功，向人类彻底展示了计算的威力。如今计算能力已经和核武器一样，成了综合国力的重要象征。计算已不仅是一种基本力量，它甚至是解开智慧生命最高秘密的方法。因为生命最重要的特征是由遗传物质DNA决定的，而DNA在本质上可以理解为以4种碱基对表达的生命算法代码，尽管对于今天的人类来说，其包含的生命算法无比高深和复杂。

计算在我们的宇宙中是如此的重要，孙子在2500年前对计算的认识就那么深刻，并将它作为其兵法的基础，这应该也是《孙子兵法》常葆青春的根本原因之一。

四、商战圣经《孙子兵法》

《孙子兵法》不仅是一部军事巨著，更是一部哲学巨著、谋略巨著，完全突破了通常意义上的兵书范畴。正因如此，其思想被广泛地应用于诸多领域。

商场如战场，《孙子兵法》也得到了众多企业家的高度认同和深度运用。毫不夸张地说，《孙子兵法》成就了许多伟大的企业和企业家。

据谢祥皓、李政教所著的《兵圣孙武》介绍，在美国，凡教授战略学、军事学课程的著名大学无不把《孙子兵法》作为必修课。据不完全统计，美国民间有近百个研究《孙子兵法》的学会、协会或俱乐部。1987年陶汉章所著《孙子兵法概论》在美国出版，被列为20世纪80年代最畅销的军事理论书籍之一。

1998年1月5日美国《出版人周刊》刊载的一篇

文章称，2500 多年前，当中国哲学家孙子写兵法的时候，他不可能想到今天《孙子兵法》在美国的运用。早在 20 世纪 80 年代，《孙子兵法》就已经成为许多公司主管和投资者的"圣经"了。

美国著名的管理学家乔治在《管理思想史》一书中告诫读者，若想成为管理人才，就必须去读《孙子兵法》。

美国著名营销大师菲利普·科特勒博士说："如果凯马特、AT & T、施乐和通用汽车公司以前的 CEO 读过《孙子兵法》的话，他们就会避免自己数以亿计美元的损失。"

美国哈佛大学和哥伦比亚大学的商学院都把《孙子兵法》列为未来经理人员的必读书，并要求背诵部分章节。

在日本，许多企业家将《孙子兵法》作为商战指南。

日本"《孙子兵法》经营学派"的创始人大桥武夫将《孙子兵法》运用于经营，使一家濒临倒闭的企业起死回生。他写的《用兵法经营》一书，曾引起工商界的巨大反响。几十年来，他为企业做了数千场次的专题演讲，撰写并出版了 30 多册关于用兵法指导经营的图书，后来又编著了一部长达 10 卷的《兵法经营全书》。全书详细论述了在经营管理中如何进行"庙算""料敌""任将""出奇"等。他说："用《孙子兵法》经营比美国式企业管理更合理、更有效。"

日本著名企业家大前研一在其著作《孙子对日本经营管理产生的影响》一文中指出，日本企业之所以能战胜欧美企业，原因就在于日本企业采用了中国兵法来指导企业的经营管理。大前研一在《企业家的战略头脑》一书中也大量引证了《孙子兵法》的内容。他宣称经过长时间的思索和考证，终于找到了一部教科书——《孙子兵法》，并称《孙子兵法》是最高水平的经营教科书，现有的经营战略内容已被全部网罗其中。

被誉为"经营之神"的日本松下电器创始人松下幸之助能全篇背诵《孙子兵法》，他公开宣称《孙子兵法》是松下成功的法宝，并要求松下公司全体职员必须认真背诵并灵活应用《孙子兵法》，他认为这样公司才能兴旺发达。他把修道保法作为胜败之政，并十分注重培养人才，这是松下电器多年来享誉海外的成功秘诀。

国际知名投资人日本软件银行集团创始人孙正义公开宣称："如果没有《孙子兵法》，就没有我孙正义。"孙正义酷爱《孙子兵法》，生病卧床中也要坚持捧读。他将孙子语录"胜兵先胜而后求战""败兵先战而后求胜"作为厂训放在公司大门口。孙正义将孙子的精髓应用到软件银行集团的一次次投资并购中，先后帮助雅虎、UT斯达康、新浪、网易、阿里巴巴、分众传媒、盛大网络等获得巨大成功，做到了真正的

"不战而胜"。

孙正义还在《孙子兵法》的基础上，独创了一套核心为 25 个字的"孙孙兵法"，即"道天地将法（理念），顶情略七斗（愿景），一流攻守群（战略），智信仁勇严（将德），风林火山海（战术）"，其简要介绍如下：

"道"即企业价值，"天"即天时，"地"即地利，"将"即优秀的将领团队，"法"即建立方法论、体系、规则。

"顶"即目标之地、顶峰，有高瞻远瞩之意；"情"即情报，指信息的收集与分析；"略"即将理念付诸行动的战略；"七"是七成，指七成胜算时即付诸行动，也指风险超过三成，必须有退却的勇气；"斗"即战斗，指执行的能力和觉悟。

"一"指绝对的第一，"第二就是失败"的观点；"流"指不违背时代潮流，能预见未来的主流；"攻"即攻击力，指领导者必须具有不输任何人的攻击力；"守"即经济基础，指攻守要均衡；"群"指不要拘泥于单一品牌、单一商业模式，应采取战略性联合和多品牌战略。

"智"指思考能力，国际谈判能力，演讲能力，融资、分析能力；"信"指信义、信念、信用；"仁"指仁爱；"勇"特别强调敢于退却，即要有退却的勇气；"严"指纪行严明。

"风"指迅速行动，见机则敏；"林"指深藏不露，不声不响；"火"指激烈彻底；"山"指不动如山，即坚定；

"海"指像大海一样吞噬所有可能引起新的斗争的火种，这样战斗才算结束，才算真正的胜利。

《孙子兵法》也深受我国历代大商人和现代企业家的推崇。被尊为"商圣"和中国商人祖师爷的白圭早在2300 年前就说过："吾治生产(做生意)犹伊尹吕尚之谋，孙吴用兵，商鞅行法是也。"可见他对孙子及其兵法的推崇。他提出商场如战场，奉行"人弃我取，人取我弃"的经营方略，认为经商必须要做到智、勇、仁、强，等等。不难看出孙子对白圭经商理念的影响很深。

海尔集团创始人张瑞敏在最困难的时候，总是去翻三本书:《孙子兵法》《论语》和《道德经》。他表示，《道德经》帮助他确立了企业经营发展的大局观，《论语》培育了他威武不能屈、贫贱不能移、勇于进取、刚健有为的浩然正气，《孙子兵法》帮助他形成了具体的管理方法和企业竞争谋略。他还举例说，《孙子兵法》第五篇中"激水之疾，至于漂石者，势也"给了他启发(《孙子兵法》中认为只有一种情况水才可把很重的石头漂起来，那就是加快水的流动速度)。这句话在《孙子兵法》里根本算不上什么经典名句，但张瑞敏说，他看了以后就想到了怎么调整海尔:他把海尔的产品、市场、技术更新换代看成三个方面，与《孙子兵法》的这句话相应对照，水是产品，石头是市场，快速流动是技术的更新换代。也就是说，要想让产品占领市场，让广大消费者接受，就要像水漂起大石头一样，加快技术的更新换代速度，速度加快以后便形成一种"势"。正是因为张瑞敏从《孙子兵法》中领悟到了"势"的精华，所以海尔把技术的更新换代作为生存发展最重要的原则。

阿里巴巴集团创始人马云其实是一个高明的武术家，他从小练武，最喜爱《孙子兵法》。马云说，竞争如战争，商场如战场，能将兵家的斗争智慧用到商场上去，是他成功胜出的原因所在，是他与别人都不同的地方。他说别人都去做的时候往往不是自己去做的好机会，别人都不去做的时候反而才是好的机会。这句话与商祖白圭"人弃我取，人取我弃"的思想有异曲同工之妙。

我们可以看到，诞生于兵火连天的春秋时期的《孙子兵法》，越是在竞争激烈的环境下其价值越凸显，与中华文明基因越近其价值越凸显。因此，在中国经济环境日趋市场化和全球化、竞争日益激烈的今天，也掀起了新一轮《孙子兵法》的研究学习热潮。

在今天，无论是国外还是中国，创业竞争都是商战中最激烈、最残酷的竞争，因此，创业领域也是《孙子兵法》最有应用价值的领域。

五、创业必读《孙子兵法》

在英国广播公司 (BBC) 拍摄的《人类星球》系列纪录片中，有一段视频尤其让人感到震撼。这段视频记录了 3 个非洲马赛猎人勇敢地逼退 15 头正在进食的狮子，从狮口之中成功夺取猎物的惊险场景。

这段视频我反复观看了数十次，每一次都感到无比震撼，对猎人（进而到人类）的智慧和勇气佩服得五体投地。每当看到狮子面对猎人竟然作鸟兽散，我紧张的压力瞬间得到了释放，轻松一笑的同时不禁对万兽之王感到失望。然而，随着观看次数的增多，我却越来越佩服狮子！

为什么？因为狮子的行为深合兵法的教导。

《孙子兵法》中"上兵伐谋，其次伐交，其次伐兵，其下攻城"的思想是《孙子兵法》的核心思想之一。为什么是上兵伐谋，其次伐交，其次伐兵，其下攻城？其背后的逻辑是以最小的风险、最小的代价，去获取最大的利益！伐谋、伐交、伐兵、攻城，这四种作战方式的风险逐渐变大，代价逐渐变大，破坏也逐渐变大，但获胜的收益却是越来越小。

所以孙子才说"百战百胜，非善之善者也，不战而屈人之兵，善之善者也"。

所以孙子说："昔之善战者，先为不可胜（风险最小），以待敌之可胜（代价最小）。……古之所谓善战者，胜于易胜（风险和代价都小）者也。故善战者之胜也，无智名，无勇功，故其战胜不忒。不忒者，其所措胜，胜已败者也（风险和代价都小）。故善战者，立于不败之地（风险最小），而不失（积极等待）敌之败也（代价最小）。"

那么这和狮子作鸟兽散又有什么关系？

我们再来看看狮子的选择。当面对三名气势汹汹的猎人时，狮子有哪些选择？一是绝不后退，和猎人拼个你死我活；二是先撤退，看看再说。那么，这两种选择各自的风险、代价和收益是怎样的呢？

和猎人拼个你死我活，风险是失去生命，收益却只是一点肉。

如先撤退，狮子所做的就是"先为不可胜"，就是"立于不败之地"，其损失无非一点肉而已。

来者不善，狮子在不知猎人虚实之前（不知彼），战略撤退无疑是最佳选择。接下来，狮子有没有走远？没有。那么狮子在干什么？狮子在冷静地观察。视频中狮子冷酷的眼神告诉我们，它们在寻找猎人的破绽（虚），随时准备雷霆一击（出奇击虚制胜）。

狮子在干什么？它们在"待敌之可胜"，在"不失敌之败也"，并时刻准备"胜已败之敌"！一旦等待到了胜机，它们就会毫不犹豫地发出致命攻击；若没等待到胜机，则绝不轻举妄动。从这个角度看，狮子简直就是天生的军事家！

其他猛兽在面对一群猎物时，也是想办法找到老弱病残的猎物下手。而且在攻击猎物时，通常是从背后进行偷袭。

所以在野外遇到老虎怎么办？网上有动物专家给出了高招：要深呼吸，保持冷静，直视老虎，注意老虎的动向，一边观察老虎的反应，一边不动声色地后撤，不要有大幅或突然的动作，那样会刺激老虎。尤其重要的一点是，千万不要背对着老虎，因为背对着老虎，老虎就会以雷霆之势对人类发起致命袭击。

网上也流传着这样一个手机拍摄的惊险视频：视频中一个小男孩在动物园隔着玻璃看狮子。只见狮子从洞中出来后，就远远地趴在洞口，和小男孩相互对视。此时的狮子静如处子，表现得十分温顺可爱。可让人万万没想到的是，当小男孩转过身，视线刚刚离开狮子时，狮子如离弦之箭，以迅雷不及掩耳之势扑向小男孩。好在狮子和小男孩之间隔着强度足够硬的钢化玻璃，小男孩才逃过一劫。

万兽之王的表现毫不逊色于兵法高深的将军，即使面对极其弱小的对手，也是优先选择偷袭，也是要先"立于不败"。

由此就不能不去思考一个问题，狮子为什么懂兵法？

其实，狮子并非懂兵法，而是不这么做的物种，都被残酷的自然选择淘汰了。只有这么做，才能活下来，才能将基因遗传下来。

那"这么做"指的是什么？就是以最小的风险、最小的代价去获取最大的利益，这其实就是自然选择的丛林法则，适之则生存，逆之则淘汰。

所以并不是狮子懂兵法，而是《孙子兵法》就是对自然选择及丛林法则中的残酷竞争、博弈普遍规律的总结与提炼。我们依然要佩服猎人，佩服孙子，佩服人类，只有人类，才能将自然的法则总结提炼为指引我们前进的明灯。《孙子兵法》历经 2500 年不衰的秘密正在于此！

也正如列夫托尔斯泰所说，幸福的家庭都是相似的，不幸的家庭各有各的不幸。成功绝非偶然，背后必然蕴含着避开各种失败陷阱走向成功的规律。无论是投资、创业，还是人与人之间的竞争和博弈，真正的赢家，其言行一定是如孙子所言、狮子所为，他们虽然不一定研究过兵法，甚至不懂兵法，但他们的言行必然符合优胜劣汰的自然规律，也就必然符合兵法的基本要求，因为不如此他们就不可能是最终的胜利者。

《孙子兵法》所揭示的竞争和博弈的普遍规律，不仅能指导战争这一最残酷的竞争和博弈，还可指导人类的商业竞争和博弈。

《孙子兵法》开篇指出"兵家五事道天地将法，凡此五者，将莫不闻，知之者胜，不知者不胜"，将兵家五事映射到创业领域，其重要性同样不言而喻。对于创业者来讲，同样是知之者胜，不知者不胜。

所以，我们创业是否要有狮子的智慧呢？《孙子兵法》是不是创业必读之书呢？人法地，地法天，天法道，道法自然。向自然和先哲学习，不亦乐乎？

《孙子兵法》的核心思想是"谋定而动，先胜后战，立于不败，胜于易胜"。其显著特点是谋与算，谋什么？谋如何立于不败，如何不战而胜或一战成功；谋如何以最小的风险、最小的代价获取最大的利益。算什么？算胜败的概率。在谋的基础上算，在算的基础上再谋。以立于不败为基础，以胜于易胜为手段，以不战而胜为目标，通过谋算的反复迭代，反复谋算如何以最小风险、最小代价取得最大的利益，不断地提升胜利的概率，降低失败的概率。

尤为可贵的是，孙子擅长系统思考，《孙子兵法》虽仅六千余字，却做到了体系完整、逻辑缜密，堪称立于不败的智慧系统工程。

《孙子兵法》全文自成体系，其每一篇也自成体系，从中又可归纳概括出"五事""七计""六胜""六败""五德""五危""四兵""四诀"等精华思想。本书也将围绕这些思想来阐述《孙子兵法》对创业投资的指导和借鉴意义。

第二章
创业必知"五事""七计"

《孙子兵法》在开篇《始计篇》中即提出了"五事""七计"的战略决策体系。

"兵者，国之大事，死生之地，存亡之道，不可不察也。故经之以五事，校之以计而索其情：一曰道，二曰天，三曰地，四曰将，五曰法。道者，令民与上同意，可与之死，可与之生，而不畏危也。天者，阴阳、寒暑、时制也；地者，远近、险易、广狭、死生也。将者，智、信、仁、勇、严也；法者，曲制、官道、主用也。凡此五者，将莫不闻，知之者胜，不知者不胜。故校之以计，而索其情，曰：主孰有道？将孰有能？天地孰得？法令孰行？兵众孰强？

士卒孰练？赏罚孰明？吾以此知胜负矣。"

"五事""七计"是孙子战略思想中最精彩的华章，是孙子谋略思想最本质和系统化的体现，是立于不败的前提和基础，是组织战略决策中的重中之重。

"五事""七计"的战略决策思维对于今天的创业者来说同样重要，同样是创业者，莫不闻，知之者胜，不知者不胜。而对于投资者来说，也可以较之以计而索其情，并以此知胜负。

那么创业的"五事"具体对应的又是什么内容呢？以下结合创业的实际予以详尽阐述和论证。

一、道：正确的事（Right Thing）

1. 得道就是得人心，得人心者得天下

要研究创业之道，首先必须研究创业的本质、企业的本质、商业的本质。

北京大学著名经济学家张维迎教授说过：市场的逻辑是，如果你想活得幸福，首先要使别人幸福。市场本身是一种力量，个人幸福首先要让别人幸福。你是企业，你就要给客户创造价值；你是老板就要让员工幸

福。员工是自由人，只有他觉得在你这里干得好，才会留下来。当你要卖给别人一瓶矿泉水的时候，别人有选择的自由，他们觉得值才会买。市场就是好坏别人说了算，而不是自己说了算。在竞争的市场当中，你要谋求自己的利益，首先要给别人创造价值，给消费者创造价值，给客户创造价值。市场竞争就是为消费者创造价值的竞争。

商业的本质是价值交换，所以创业首先要创造价值，而且这种价值是市场认可的价值，是消费者认可并通过交换予以体现和实现的价值。

所以，创业之道首先就是做正确的事。创业首先要回答的是你是做什么的，你做的是不是正确的事。

那么判断所做的事是否正确的原则或者标准又是什么？

《孙子兵法》说："道者，令民与上同意，可与之死，可与之生，而不畏危也。"孙子兵法认为得道就是得人心，得道多助，失道寡助，得人心者得天下。高妙的道不仅能得本国人民之心，也能得敌国人民之心。中国历史上第一个以有道著称的君主是商汤。他盖房子时挖到一具无名尸骨，庄重地礼葬了这具尸骨。天下人都知道了，纷纷议论说：商汤对死人都那么尊重，何况活人？他看见农民捕鸟，四面围网，就下令只能围一面，不要赶尽杀绝，要留三面生路。天下人又议论说：商汤对动物都那么好，何况对人！这样当他开始征伐，伐东边之国时，西边的人民就有意见了：怎么不打我们啊？当伐西边之国，东边的人民又有意见了，人人都盼着被他统治。

创业者是否在做正确的事，有道还是无道，道之高低的标准同样也是是否得人心的标准。

创业者是否得客户之心、用户之心、员工之心、股东之心、政府之心、公众之心等，一言以蔽之就是创业者能否得利益相关的各方之心。其中最重要的是得客户之心和员工之心，也就是我们今天反复强调的客户思维和人本思维。这无疑是创业者和企业生存的根本和前提。

纵观古今中外，卓越的领袖和组织都在"道"上更胜一筹，并往往用心良苦，将自己的"道"总结凝练成脍炙人口的标语和口号，通过各种手段广为传播和宣讲，让它成为组织的文化和组织的品牌，更加深入人心，甚至达到"上下同欲，可共生死"的境界，这样的领袖、这样的组织自然难以被战胜。

以下略举数例，来看看古今中外优秀组织的"道"。

黄埔军校的"道"，是"升官发财，请走别路；贪生怕死，莫入此门"。所以黄埔军校为中华民族培养了众多抗日名将。

北京大学的"道"，是"思想自由，兼容并包"。这是北大之所以是北大，之所以能够成为中国最高学府的思想灵魂。

水泊梁山的"道"，是"替天行道"。所谓盗亦有道，梁山好汉可以说是把这一点发挥到了极致。这也是梁山好汉能够在中国历史上无数占山为王的草寇中鹤立鸡群的原因所在。

阿里巴巴的"道"，是"让天下没有难做的生意"。历经坎坷，阿里巴巴从 1999 年注册资本 50 万元的小公司，成长为巅峰时期市值超 6 万亿港元的公司。让天下没有难做的生意，既成就了无数个人和中小微企业的创业梦，也成就了马云和阿里巴巴。

吉利汽车的"道"是什么，李书福说得好：造老百姓买得起的轿车。今天轿车走进中国普通家庭，有的家庭甚至拥有数辆轿车，应该说吉利汽车厥功至伟。

沃尔玛的"道"，是"天天平价"。沃尔玛以此道打遍天下无敌手。

蓝色巨人 IBM(International Business Machines) 的"道"，是"无论是一小步，还是一大步，都要带动人类的进步"。蓝色巨人以此道引领全球创新数十年。

微软和比尔·盖茨的"道"，是"计算机进入家庭，放在每一张桌子上，并使用着微软的软件"。微软以此道让普通人拥有原本只有军方和政府才能拥有的空前强大的计算工具，实现了人类的计算梦想。

迪斯尼的"道"，是"使人们过得快乐"。迪斯尼关注的是人生的终极目标，关注人们的心灵健康与幸福，并在此领域为全人类创造出巨大价值，也成就了自身。

2. 人所不欲，勿施于人；人之所欲，施之于人

那么怎样才能得人心呢？

"客户至上""顾客就是上帝"这样的宣传标语应该说是屡见不鲜，但真正做到的企业却不多。

人际关系是人际交往和博弈的总和，客户关系也是如此。得人心，无论是客户之心、用户之心，还是员工之心、股东之心，从博弈的角度来看，无非十个字：想人之所想，施人之所欲。也可将这句话总结为：人所不欲，勿施于人；人之所欲，施之于人。这同时也是西点军校对领导力的要求：心里要装着对方的利益，并且要有能力让对方知道。

有记者问李嘉诚的儿子李泽楷，经商那么成功，是不是父亲教给他什么经商秘诀。李泽楷回答说，父亲并没有教给他什么经商秘诀，只是对他说，李家和他人做生意，如果赚七分是合理的，赚八分也可以的话，那么我们只赚六分。这就是李嘉诚的客户思维。

要做到想人之所想，施人之所欲其实非常困难，由于信息不对称，通常情况下我们不知道他人在想什么，甚至经常将自己之所想强加于人。孔子在《论语·卫灵

公》中说"己所不欲，勿施于人"，就是这样一种无奈。因为不知道人之所欲所不欲，所以只好推己及人，假定别人和自己的所思所想、所欲所不欲是一样的，然后得出"己所不欲，勿施于人"的结论。但生物是多样性的，人是差异化的，不同的人成长的经历和环境不一样，其所思所想、所欲所不欲就存在着巨大差异。不要说不同民族、不同宗教、不同人种、不同区域之间存在着巨大差异，就是同宗同族的兄弟姐妹之间也存在着差异。多样性和差异化是包括人类社会在内的所有生态的根本特征。

人贵有自知之明，了解自己都非常困难，更遑论了解他人，这也正是《孙子兵法》反复强调知己知彼重要性的原因所在。

所幸的是，在今天这样一个信息时代，人们沟通交流的工具越来越多，沟通越来越便捷，沟通的成本越来越低。网站、电子邮件、QQ、App、论坛、微博、微信等各种互联网工具，再加上人工智能和大数据等智能工具，使得我们有更高效、更精准地了解用户需求的途径。

在这方面，小米做到了极致，用户思维是小米取得成功的核心因素。小米这家创业公司只用了 3 年时间，销售收入就从 0 做到 300 亿元，估值超过 100 亿美元，位列国内互联网公司第四名，堪称中国创业的奇迹。

了解用户所思、所想、所欲的最好方式是什么？就是想方设法让用户亲自把它们说出来，并给予快速的反馈和激励，这就是雷军和小米联合创始人黎万强在多个场合反复强调的用户参与。他们一致认为，小米卖的不是产品，而是梦想和参与感。小米的用户思维正如雷军所说：相信米粉、依靠米粉，从米粉中来，到米粉中去。这其中所蕴含的互联网思维，就是小米最核心的竞争力。小米的成功除了站对智能手机兴起这个大风口，赶上了社交媒体大爆发这个大浪潮之外，更重要的是小米的背后凝聚了一群百万级的粉丝用户，本质上是用户的参与成就了小米。小米对用户的经营，可以说是煞费苦心，不但 CEO 亲自站台当客服，小米还会不定期地举行各种线下粉丝交流会，比如，当年小米论坛拥有超过 1000 万的注册会员，每天有 100 万的活跃用户，小米官方微博账号有 200 多万粉丝，微信账号订阅数达到了 256 万，QQ 空间粉丝数超过 1000 万，MIUI 系统用户超过 3000 万。雷军不但亲自当客服，天天看小米论坛，也要求所有的高管和技术人员关注论坛，小米用户在论坛上提出的一些意见和建议，都会得到重视和及时反馈。用户对小米手机的一些合理化建议，都将在小米手机下一版的操作系统中得到应用和体现。小米团队的这些举措，毫无疑问会让小米的用户感受到极大的重视和尊重，从而毫不犹豫地成为小米的忠实用户和义务推销员。

　　对客户思维、用户思维最深刻的表述其实是中国共产党的群众路线，即一切为了群众，一切依靠群众，从群众中来，到群众中去。把群众两字换成客户，就是本书所反复强调的客户思维：一切为了客户，一切依靠客户，从客户中来，到客户中去。从根本上来讲，客户思维就是最大化客户的利益。

3. 寻找痛点是创业的第一步

创业的价值可以概括为解除客户痛点，因此创业的第一步或者说第一种方法就是找不爽，哪里有不爽，哪里就可能有创业机会。世界上最大的问题等于最大的商机。

那么，解决客户什么样的痛点最有价值？可以从以下三个维度加以考察：其一是强度，即到底有多痛；其二是频度，即天天痛还是一辈子只痛一次；其三是广度，即是大部分人都痛还是只有个别人痛。无疑，强度越强、频度越高、广度越大，解决起来就越有价值。如果能够发现并解决一个十亿人的痛点，造就出一个独角兽企业，那么创业就已经成功了一半了。

好的产品经理就是能够深刻把握客户痛点的高手。把握客户的痛点也是创业过程中非常关键的因素。尹建莉父母学堂的创始人之一是笔者的朋友，他们的产品设计对痛点的把握就非常经典。比如，"28天培养一个爱阅读的孩子""28天挑战戒吼"（不再对孩子吼），等等。

他们的产品对用户痛点的把握都有以下特点：第一是高强度，因为教育子女是中国家长所认为的最重要的事，孩子不爱读书的问题不解决，许多家长就寝食难安；第二是高频，天天痛，所以天天吼；第三是大广度，天下有几个爱阅读的孩子？孩子不爱阅读是绝大多数家长的心病。

在亚马逊店铺里面有这样一群人，每天去观察、收集、分析别人的差评。差评就是别人对产品有需求，但又没有得到满足。这群人在这个基础上开发自己的产品，通过分析差评得出痛点并进行专门的优化，很快就做到了年营业额上亿元。

国内也有人研究如何从淘宝等平台寻找客户痛点，在此基础上再进行产品开发。通常做法的第一步是使用淘宝中的差评分析软件，按照关键词和价格区间挑选出销量前100的某类产品，收集这些产品的标签印象并导出这些产品的中差评评语。

第二步是根据收集的标签印象和中差评评语，归纳总结出痛点。例如，针对去痘产品总结出的客户关注的十大痛点是：

（1）祛痘没效果；（2）痘印没改善；（3）用了会过敏；（4）不容易吸收；（5）刺激且难闻；（6）洁面效果差；（7）控油效果差；（8）非正品质量；（9）不保湿滋润；（10）产品价格贵。

第三步是提炼卖点，进行对比。

客户愿意买单的原因是产品能满足其需求，解决其痛点。用王婆卖瓜式自我陶醉的宣传方法往往收效甚微，但如果能巧妙地运用对比原理，把同行的产品和自己的产品放在一起进行对比，客户就能清晰地认识到孰优孰劣，该选择谁。

这样做有两个好处。一是优化产品和服务。当我们把调研同行得到的数据与我们自己的数据进行对比时就能发现，对于客户的痛点和需求，我们有没有解决和满足，我们产品的优势和劣势是什么，以及我们的产品和服务在哪些地方还需要完善。

二是让顾客进行自我说服。相信很多创业者都有这样的经历，如果没有进行对比，不管怎样去塑造价值，客户都不会有清晰的感知。一旦使用了这种基于"对比原理"而精心设计的数据分析方法和工具，把客户最关心的痛点和需求放在中间，两边分别放上自己的解决方案和同行的解决方案，马上就能清晰地告诉顾客：大部分同行是怎么解决他的问题的，我们的优势是什么，用数据化的方式让顾客知道为什么我们是他的唯一选择。客户这时就会开始进行自我说服，主动成交。

还以前述的去痘产品为例，根据调研反馈，虽然"产品有没有祛痘效果"是居第一重要地位的，是客户的首选，但这并不能产生差异化。要想和同行产生差异化，就必须比同行做得更好、更优，就需要进行更深入的逻辑分析和因果分析。

例如，为什么祛痘有效果，而且可以快速见到效果？因为产品易涂抹，且能让皮肤快速吸收，可以更快速地祛痘，而且是安全地祛痘。为什么呢？因为产品是中草药成分，温和不刺激，使用更安全。

所以最后从十大痛点里，提炼出能产生差异化的三个卖点为：

3～7天就能看到祛痘效果 VS 祛痘无效果

易涂抹且能快速吸收 VS 不容易吸收

温和不刺激的中草药成分 VS 用了会过敏

通过对比提炼出产品的卖点，成功就会变得简单。

4. 资深创业者谈如何寻找客户痛点

麦开创始人李晓亮认为要先搞定会抱怨的用户，因为这些用户是最有价值的用户。他们最常用的找痛点的狠招是加一些用户为好友，尤其是在接触产品的过程中产生痛点的用户，然后解决这些用户的问题，这些用户自然会成为他们的忠实粉丝。在后期产品研发和思维碰撞的过程中，他们会与这些用户持续沟通，听取这些用户对产品的意见和反馈。

李晓亮认为会抱怨的用户通常会提出具有建设性的意见，而用户之所以抱怨，无非有以下几方面原因：

一是用户想深度体验公司的产品。如果不想深度体验公司的产品，认为公司的产品不好用，用户可能就会将产品扔在一边而根本不会抱怨。只有用户觉得需要产品但需求又未得到充分满足时才会抱怨。

二是用户抱怨说明用户是相对挑剔的人，如果产品能满足抱怨人群的需求，则一定可以满足普通用户的需求。

三是容易抱怨的用户一般拥有更强的信息扩散能力，帮助抱怨的用户解决问题以后，这些用户往往也愿意在社交平台进行分享。

四是在产品调研阶段，有些用户不一定愿意认认真真地告诉公司其真实想法，而那些抱怨的用户通常会起到"领头羊"的作用。公司对产品方向有任何构想，这些用户都会从使用者的角度积极地告诉公司这些想法是否行得通，并且还会把自己各种各样的想法毫无保留地告诉公司。

大朴网创始人王治全分享了他们挖掘用户痛点的方法。他们公司主要通过微信群以与用户直接互动的方式来挖掘痛点。一款产品推出后，可能存在未知问题，他们会通过活动找到测试用户，并把用户拉进微信群，用户购买并使用产品后，有些用户会对产品吐槽或提出意见，他们就会将用户购买产品的钱以积分的形式全部退还给用户，而不是直接退现金。这样才能筛选出真正对产品感兴趣的用户，因为产品不可能适合所有用户，没有需求的用户一定不会去买。

后期，他们会与筛选出来的用户保持紧密联系与互动。比如用户在微信群中提出问题，如果问题戳中人心，自然有人予以回应，同时带动其他用户响应、参与。王治全认为找痛点的核心是让用户活跃起来，通过观察用户的行为和评论，可以第一时间发现用户对产品的真实想法。很多用户习惯于提供解决方案而不是说出自身使用习惯，所以还需要创业者通过分析问题的本质来找到用户痛点。

另外，把自己当成超级用户反复使用产品，发现使用过程中的最大阻碍和最不舒服之处并逐一记录下来，也是寻找痛点的一大妙招。

5. 败于"无道"的创业公司案例

许多创业者和创业企业的失败，其根源就在于没有客户思维，在兵法上可以称之为"无道"。在 CB insights 列举的2014～2016年创业失败的141家公司中，因为用户原因而失败的公司有 14 家。以下这些公司的做法很有代表性，他们在事后的总结也非常有借鉴意义。

Shopa 公司的管理者说，消费者对自己的购物需求守口如瓶，这超出了我们的想象。

VoterTide 公司的管理者说，我们没有花足够的时间来与顾客交流，并且还在滔滔不绝地讲我们自认为的优点，当我们意识到问题的时候已经太迟了。我们不能总是骗自己说自己的产品超棒，而是要关注自己的客户，并且按照他们的需求来对产品作出调整。

Pumodo 公司的管理者说，团队里没有一个人是我们这个 App 的用户——我们都不用它，我们都不喜欢它。我们只喜欢这个创意，这真是个悲伤的事情。

Findlt 公司的管理者说，创业和改变世界都不是容易的事。通过调研，我们了解到大多数的 Findlt 用户其实并不需要这个软件，这指引我们今后要努力解决这个问题。

Teamometer 公司的管理者说，不要做太多（没有意义）的计算，类似：30 美元乘以 1000 个客户再乘以 24 个月，因为这类计算已经是公司"赚翻了"的情况了！你根本不懂让 1000 个客户付费长达两年有多难。我们的建议是：先找到第一个客户，再找 10 个，再找更多。除非你能先找到 10 个客户，否则你什么也证明不了，只能在那儿加减乘除。

Zillionears.com 公司的管理者说，人们实际上并不真的喜欢我们的产品，我们的用户也不觉得我们的服务真的有那么好。

HelloParking 公司的管理者说，我们从未提出清晰的假设，从未进行实验，也很少与我们的终端用户进行有意义的谈话。虽然我们在这一产业中有几位不错的顾问，但我们本应该见见所有我们能联系上的人。更糟糕的是，我们几乎从未走出过我们的办公室。

在以上这些公司所总结的失败教训中，VoterTide公司的教训尤其值得每一位创业者特别是专业技术型创业者警惕：没有花足够的时间来与顾客交流，滔滔不绝地讲创业者自认为的优点，骗自己说自己的产品超棒、不关注客户，没有按照客户的需求来对产品做出调整。这些问题往往是创业者的通病。

很多创业者在向投资者融资时也是如此。他们并不了解投资者（也是创业者第二类客户，即购买企业股权的潜在客户）。投资者真正关注的内容是企业未来能否实现高速成长，企业价值能否实现10倍乃至100倍的增长。创业者往往只是滔滔不绝地介绍自以为得意和骄傲的种种技术细节，最终导致融资失败。

正因为"得道"就是"得人心"，得人心者方能得天下，所以说"攻心为上，攻城为下，心战为上，兵战为下"。创业者不仅要有"道"，而且要重视企业品牌和企业文化的建设，让自己和企业的"道"成为每个员工、每个股东的"道"，大家达成共识并使之成为企业文化，广为人知，从而迸发出团队的最大合力。

6. 选择正确的方向是创业的基础

创业首先要回答的是做什么，但相当多的创业者对真正应该做什么并不清楚，许多创业者并没有真正找到最适合自己的创业方向或者说正确的事。

非常务实商学院的创始人丁晓辉老师讲过一个案例，有这么一家深圳企业，是做海归创业服务的，每年有三四千万元的营收，几百万元的利润。这家公司具体做什么服务呢？所有的海归到深圳的第一件事情就是做学历认证。做学历认证首先需要翻译学位证书，然后再到政府有关部门进行认证。这家企业最初就是给这些海归做翻译，逐步转型去做海归创业服务。这家企业的平均客单价在 500 元左右，客户非常多，但从做翻译转型为做创业服务非常不易，转化率很低。

从商业逻辑来讲，这家企业做的是 to C 的业务，实际上还可以做 to B，或者 to G 的业务。这家企业在经过专业咨询公司的产业分析后发现真正应该做的事，或者说更加适合做的事，其实是在原有业务的基础上发展 to G 业务，也就是为地方政府引进海归人才和项目。这对非北上广深杭这些一线城市的政府来说，都是巨大的刚需，而且成功的方法可以轻松复制，这样企业就具有了投资的价值。

《创业 36 条军规》一书中，孙陶然在阐述完"创业之难"和"只有为梦想才能创业"之后，介绍的第三条军规就是要选择正确的创业方向，即要做正确的事。

他指出，创业者最常犯的一个错误是"会啥做啥"。

创业者习惯于选择自己最擅长的东西来创业。扬长避短当然是对的，但如果只是盯着自己会做的事情，不管需求是否存在、需求是否是刚需、需求是否足够大，就很容易选错方向。孙陶然说经常有人找他咨询创业的问题，他首先与他们探讨的问题就是方向的选择是否正确，并将此视为创业的基础。

孙陶然指出，在选择创业方向时必须综合考虑创业者的特长、用户需求和创业者的爱好这三大因素。因此在与创业者探讨创业方向时，他会先从了解他们的特长入手，同时了解他们能够掌握哪些独特的资源。他认为这是非常重要的考虑因素，因为以己之长与他人之短竞争才有胜机。然后基于创业者的特长和资源，在他们的行业之中去寻找用户的需求，越是刚性的、用户群体大的需求就越好。抓需求不必抓多，抓住一个刚需就足够。针对的需求越多，产品就会越复杂，就越不容易抓住重点。满足了刚需，用户自己会找过来；而满足的若是可有可无的需求，则花再大的力气也会事倍功半。

孙陶然还着重指出创业者的爱好要与创业方向一致，认为兴趣是最好的老师，因为热爱才会投入，才能支撑自己走过千难万险。如果创业者选择了一个自己爱好的事情来创业，就会焕发出无限的活力和创造力。其实这还是道的问题。我们前面说到道的本质要求是得人心，得客户之心，得员工之心，等等。当然，最首要的是要得自己之心,这是基础。

孙陶然认为创业者还必须能够清楚区分真需求
(needs) 和伪需求 (wants)。创业者容易把自己的爱好当
作用户的需求,把个别用户的需求当作普遍用户的需
求。他说,让一个人买你的东西很容易,但重点是要想
办法让成千上万的人排队来买你的东西。什么产品都会
有人需要,但是如果没有足够规模的人需要你的产品,
那么这个产品就没有市场。

7. 世易时移,创业必须与时俱进、因地制宜

创业之道就是做正确的事,就是客户思维(从客户
角度,而不是从技术或产品等角度出发的创业逻辑),
并让这种理念成为整个组织的信念和文化。

创业者要经常问自己,我的客户是谁?我要为客户
解决什么问题,创造什么样的价值?我的客户画像是怎
样的?我了解我的客户吗?我做过细致的客户调查和客
户研究吗?我是设身处地地从客户角度考虑问题的吗?

一切会以时间、地点等条件为转移,即随着时间、
地点、人物等条件的变化,正确的事可能会变得不正
确,不正确的事也可能会变得正确。

比如柯达,用胶片来记录生活在 19 世纪是正确的
事,但到了 20 世纪末数码技术出现时,就成了不正确
的事。柯达做不到与时俱进,就必然被时代所淘汰。对

于张飞来说，入百万军中取上将首级是正确的事，但让诸葛亮来干这件事则会是个悲剧；反过来也一样，对诸葛亮来说，运筹帷幄之中决胜千里之外是正确的事，但对张飞来说这样做却是误己、误人、误军、误国。

所以"道"与"天""地""人"之间存在着密不可分的联系，这也是接下来要讨论的重要问题。

二、天：正确的时间 (Right Time)

《孙子兵法》说："天者，阴阳、寒暑、时制也。"对此曹操注解"顺天行诛，因阴阳四时之制"。故《司马法》中说："冬夏不兴师，所以兼爱民也。"冷兵器时代，天气变化对行军布阵的影响很大，作战尤重天时，讲究上顺天时。《孟子》说："虽有智慧，不如乘势，虽有镃基，不如待时。"老子在《道德经》中说："人法地，地法天，天法道，道法自然。"其顺序也是道、天、地、人（将）（注意老子此语中包括了兵家五事：道、天、地、将、法，由此可知道家与兵家相通），可见天的重要性。

对于创业来说，天是什么呢？无疑就是正确的时间，即创业必须顺应宏观政商环境，以及技术、产业和市场发展的大趋势。

1. 创业成功的最关键要素是天时

硅谷著名投资人 Bill Gross 曾经研究过 200 家创业公司成败的五个关键要素，天时 (Timing) 以 42% 的关联度排在所有要素之首。Bill Gross 总结说，评估时机是否正确的关键是看用户是否已真的准备好接受创业者所提供的产品。Bill Gross 还指出创业者本人对时机必须有百分之百的真诚和客观，必须非常诚实，不抱任何侥幸心理，不能去否认所看到的任何事实性结果。

Bill Gross 还以 Airbnb、Uber、Z.com、Youtube 等成功或失败的创业案例作为他的论据。他说，大家都知道 Airbnb 很成功，但最初很多聪明的投资者都没有投资，因为他们觉得没有人会把自己的家租给陌生人。当然，客户的选择证明这种想法是错的（可见投资人也必须有客户思维）。但它成功的原因中，除了有一个好的商业模式、一个好想法和相关人员超强的执行力外，还有一个因素，那就是选对了时机。Airbnb 恰恰创立于经济周期中的"经济萧条"时，人们非常需要额外收入，"经济萧条"使得人们对钱的渴望战胜了他们不想把房子租给陌生人的顾虑。Uber 与之相似，它需要司机加入系统的"时机"如此完美——大量司机正在寻找获得额外收入的途径，这一点对于 Uber 的成功其实非常重要。

Bill Gross 还举了一些他们早期投资成功的案例，比如 Citysearch 这家公司，就是在大众需要网页时出现的。但 GoTo.com 公司早在 1998 年的 TED 讲台上宣传过与 Citysearch 公司类似的想法，即他们正寻找成本低、效率高的获取流量的方式。很显然这个想法十分好，但现实是时机更重要。

此外，Bill Gross 也提到了他们自己的一些失败案例。他们开了一家名叫 Z.com 的在线娱乐公司，当时他们曾对这家公司特别重视，融了足够多的钱，还采用了非常好的商业模式，甚至还签下了不少好莱坞级别的人才。但 1999—2000 年，宽带普及率太低，用户要在线观看视频很不容易，需要把编解码器放到浏览器上，最终这家公司在 2003 年倒闭。

然后呢？仅仅两年时间，Adobe Flash 解决了编解码器的问题，美国宽带普及率也超过了 50%，YouTube 完美抓住了这一时机。事实上，YouTube 最开始连商业模式都没有，公司领导层甚至都不确定公司能否活下去。但最终结果是 YouTube 赶上了非常好的时机并获得了成功。

2. **顺势而为**

雷军曾提出过著名的"飞猪理论"，意思是"站在风口上，猪都会飞"。"飞猪理论"引起了很大的争议，雷军为此专门发微博解释自己不是机会主义者，引用这句话是为了说明创业成功的本质是找到风口，顺势而为。《孙子兵法》中说："故善战人之势，如转圆石于千仞之山者，势也。"这句话的意思是，善于指挥打仗的人所造就的"势"，就像让圆石从极高极陡的山上滚下来一样，来势凶猛。谈起对"顺势而为"的感触时，雷军说，把握战略点和时机的重要性要远远超过战术。

雷军还以自己的经历诠释了天时的重要性。他极其聪明，年少成名，18岁考入武汉大学计算机系，仅用两年时间就修完了毕业所需学分，并完成了毕业设计，大四开始和同学创办公司。大学毕业后，他只身闯荡北京，1991年年底与求伯君在中关村结识，随即加盟金山软件公司。1994年，他出任北京金山软件公司总经理，1998年，升任金山公司总经理，当时他年仅29岁，堪称年少得志。

但是雷军在这个台阶一待就是十年，这段时光，用雷军的话说就是"推着石头往山上走"的艰难岁月。求伯君立志要让金山成为比肩微软的民族软件企业，但理想丰满现实残酷，金山历经从办公软件到词霸、毒霸、游戏和网络的多次转型，五次冲击IPO，直到2007年10月才靠游戏在香港上市。但其估值远不如同年在香港上市的阿里巴巴，更不及早几年在美国上市的盛大、百度等互联网企业。

雷军任金山公司总经理时，马化腾、丁磊等刚毕业上班，李彦宏还在美国读书，周鸿祎也刚参加工作，马云筹办中国黄页在北京到处碰壁。周鸿祎曾说，很长时间他都是仰视雷军，因为雷军出道早，江湖辈分高，是中关村里的元老。但短短几年，当年的小字辈已成为互联网的领军人物，丁磊、陈天桥、李彦宏更是先后成为中国首富。

风云变幻的背后是时势的转折，多年后雷军对此还是颇为感慨："金山在20世纪90年代还很火，1999年互联网大潮起来的时候，我们却忙着做WPS，忙着对抗微软，无暇顾及。到2003年时，我们再环顾四周，发现我们已远远落后了。那一瞬间，我压力非常大，作为CEO，我后面两三年每天都在想是什么地方出问题了，是团队不够好，还是技术不行，还是自己不够努力？"

雷军说，最后他想明白两点：一是成功仅仅靠勤奋是不够的；二是要找到最肥的市场，顺势而为。在雷军看来，大成与大势高度相关，正如他的两个爱好，围棋和滑雪，讲究的也都是势。

雷军离开金山公司后成了天使投资人，开始从大势出发，以宏大视角来观察和思考互联网。雷军很快找到了未来的大势——智能手机和移动互联网。2008年，他在博客中写道：移动互联网是下一波创业的大机会。

他在移动互联网、电商、社交等领域连续投出多个经典案例——拉卡拉、UCWeb、凡客诚品、YY、乐淘、多玩、多看等。2010 年雷军再度创业——创办小米科技。小米科技三年完成四轮融资，估值迅速突破 100 亿美元，成为现象级的存在。小米成功之后，有业内人士评价雷军说：他是错过了上一波（互联网），成于下一波（移动互联网）。

3. 时势造英雄，伟大的企业诞生于伟大的时代

事实上，随着经济、社会和科技的发展，每个时代崛起的巨无霸，无不带有深刻的时代烙印，钢铁时代如此，石油时代如此，PC 时代如此，互联网时代如此，移动互联网时代如此，未来的 VR(AR/MR) 和人工智能机器人时代还将如此。雷军的成功，也是因为看准了移动互联网发展的大好时机。天时，无疑是创业最重要的战略考量。

世易时移，天道变化，天时是天下大道（得到普天之下最广大消费者之心的新技术、新产品、新业态、新商业模式）发生关键性转折的历史时刻，顺之者昌，逆之者亡，不可不察也。

创业者必须顺势而为，必须切实地去考察回答以下问题：

当下是不是正确的时机？消费者是否已经真的准备

好接受你的产品？领先一步是先驱，领先两步是先烈，时机的把握攸关生死。是否风口（产业爆发式增长的窗口期）？是否顺应产业、行业发展趋势？是否得到政策的鼓励和支持，支持的力度如何？

当一个需求从不是刚需到成为刚需，从是少数人的刚需到成为多数人的刚需，如果这种刚需还远远没有被满足，或者说这种刚需增长的速度非常强劲，还远未达到增长的极限，此时就可以认为这个市场的天时到了。

曾经接触过这么一个创业者，他组建了一支强大的研发团队，历时十年开发出新一代汽车无级变速箱。可惜的是，他开发的是适用于汽油车的变速箱，而电动汽车的时代马上就要到来，汽油车的时代可能会逐渐过去，所以他们开发的产品没有赶上最好的时机。

正如我们在之前所指出的，一切以时间、地点等为条件进行转移，曾经正确的事，随着时代变迁、技术进步、社会发展，可能会变成落后的、过时的、不正确的事，而到时如果不能清醒面对，或者没有壮士断腕的决心和勇气，不管企业有多强大，历史有多辉煌，在时代大潮面前，都会不可避免地走向衰落。曾经的创新者、颠覆者，曾经对天时的把握者，在新的时代、新的天时来临时，因为无法割舍巨大的既得利益，也可能成为因循守旧的被颠覆者。柯达、诺基亚、Sony 如此，微软和苹果也不断显现出步其后尘的迹象和风险。这就是为什么比尔·盖茨总是说，微软离破产永远只有十八个月，为什么任正非在《华为的冬天》一文中说：十年来我天天思考的都是失败，对成功视而不见。也许是这样才存活了十年。我们大家要一起来想，怎样才能活下去，也许才能存活得久一些。并不是每个大公司的掌舵人都如此清醒，即使清醒，有时面对大公司的"病"时，他们也无能为力。特别是当如比尔·盖茨这样的第一代创始人老去，新的接班人不再有他们的影响力和掌控力，被颠覆也就难以避免。这可能就是企业界新陈代谢的轮回法则，也是新生的创业者成长为未来巨头的历史机遇。

从某种意义上讲，天时也可以是人为创造的。比如有业内人士揭露内幕，在杀毒软件公司内竟然有专门的制造病毒的员工。很多病毒预警都是说最近某个病毒将要大规模蔓延，而正好有某个品牌的杀毒软件可以查杀。或者有些病毒今天才出现，第二天就有某个杀毒软件宣称可以查杀该病毒。这些杀毒软件厂家有些过于及时了，它们怎么知道病毒要蔓延，除非自己测试过其威力。这就人为地将杀毒需求变成了每个电脑用户的刚需。再比如一些采用互联网商业模式的公司，在发展初期会大量"烧钱"补贴用户以颠覆传统行业。等传统行业竞争对手被淘汰，而用户又形成依赖时，它们就成功地创造出一个庞大的刚需市场。所以诸葛亮说，"非惟天时，抑亦人谋也"（《续后汉书》卷第十五）。

所谓时势造英雄，就是这个意思。下一个巨头，必定诞生在下一个风劲之处，下一个天时之中。

4. 创业机会与时代发展的关联规律

正如我们在前文所说，一切以时间、地点等为条件进行转移，所谓正确的事或者说创业之道，也必须因时、因地、因人而变化。

如果用经济水平来衡量时代的发展，就会发现创业之"道"（方法）与创业之"天"（时机）之间存在着密切的关系，甚至可以说存在着很有价值的规律，选择创业方向时必须考虑当下经济发展的水平。

通常来说，一个国家从落后国家发展到发达国家，基本上可体现为人均 GDP 从 1000 美元到 10000 美元的不同发展阶段。1970 年以来，美、日、欧等发达国家和地区相继实现了人均 GDP 从 3000 美元至 10000 美元的跨越。其中，3000 美元是个重要的关卡，突破3000 美元，整个社会将出现全新的变化。当一个国家的人均 GDP 在 3000～5000 美元之间时，整个国家的城市化与工业化进程将加速，中产阶级兴起，消费类型将发生全新的变化（与人均 GDP 在 3000 美元以下时完全不一样）。当人均 GDP 超过 5000 美元之后，国家的产业结构开始走向高级化，橄榄型社会开始形成，整个社会进入多元化。

在经济的不同发展阶段，与社会发展水平相适应的产业可获得巨大的发展契机。以下是根据产业与经济发展的历史关系总结的规律，其意义十分重大。

汽车：当人均 GDP 为 1000 美元的时候，汽车开始进入家庭，但这种现象并不普遍。当人均 GDP 升至 3000 美元的时候，私人购车就会呈爆炸式增长。汽车业有个很有趣的故事，那是 2003 年左右的事情。那时候我国刚刚加入世界贸易组织不久，加入世界贸易组织会对中国哪个产业影响最大、冲击最大？这是刚加入世界贸易组织那段时间在中国企业界、政策界、投资界、研究界讨论得最热门的话题。那时候有个共同的结论：加入世界贸易组织之后，中国的产业一定会受到强烈的冲击，首当其冲的一定是汽车产业。为什么呢？因为加入世界贸易组织之后，关税一旦降下来，奔驰、宝马这些品牌汽车的价格将大幅下降，会对国产汽车的销售形成巨大的冲击。因为有加入世界贸易组织的预期，尽管这些企业经营业绩前景非常好，但其股票在金融市场的关注率一直是最低的，几乎没有人敢碰。当时的很多学术研究报告也是这个观点，并且拥有确凿的证据和完整的逻辑。但真实的情况却与预期完全相反，加入世界贸易组织之后，中国的汽车业迎来了真正的春天，销售额呈爆炸式增长。这个现象背后的原因很多，但有一条非常重要，那就是加入世界贸易组织之后，中国的出口加工业和出口导向产业爆发，一批人富裕了起来，我国的人均 GDP 突破了 3000 美元，来到了汽车业爆炸式增长的时候，所以汽车业全面发展起来了，一系列汽车企业开始崛起。以长安汽车为龙头股，股价从几块钱一直飙升到几十块钱，汽车板块瞬时成为很多资本商关注的热点板块。中国汽车业的爆炸式增长，恰恰是在加入世界贸易组织之后，关税下降，中国打开国门的时候。为什么？因为中国的经济发展走到这个阶段了，汽车业的市场就在那里。

旅游：当人均 GDP 为 1000 美元的时候，旅游业的主体基本上是观光游，当人均 GDP 升至 2000 美元时，休闲游骤升，当人均 GDP 升到 3000 美元时，度假游渐旺，最后当人均 GDP 升至 6000 美元时，整个社会开始进入休闲游时代。所以做旅游的创业者不能对人均 GDP 水平不关注。假定你做投资控股的公司，那投什么样的旅游企业一定要根据当时的经济发展阶段去判断。

酒类：当人均 GDP 在 2000 美元以下的时候，人们主要喝烈性酒，当人均 GDP 为 3000～4000 美元的时候，啤酒消费陡峭上扬，当人均 GDP 为 5000 美元以上时，红酒市场与啤酒市场交相辉映。所以 2011 年前后红酒市场像疯了一样地发展，原因在哪？原因就是 2011 年我国人均 GDP 已经跨过了 5000 美元，所以这个现象就一定会出现。如果精通分析产业机会的人提前五年开始囤红酒，那到了2011年他一定是彻底发达了。但如果是等到市场火爆时才反应过来，就错过这个机会了。所以现在应该去想人均GDP超过下一个关键点位的时候大家会干什么，什么会"热"，并且现在就去实施、去行动，那当人均GDP达到下一个关键点位的时候就有可能抓住创业的机会。但在酒类市场上中国与西方国家还是有不同之处的。在中国，估计人均GDP达到20000美元的时候，大家也还是在喝烈性酒。所以中国的白酒特别火，大家都想进军白酒行业。

教育：当人均GDP达到4000美元的时候，教育会成为居民消费的重点。所以教育是什么时候在中国真正兴起的？学而思、新东方等企业爆炸式增长又是什么时候？就是在人均GDP达到4000美元的时候。

医疗保健：当人均GDP达到1000美元时，人们的补钙需求骤增，当人均GDP达到5000美元时，医疗卫生成为消费的增长点，当人均GDP达到7000美元时，人们对保健品的支出增加。如果人均GDP达到了7000美元你还在补钙，那大家就会笑你out了。2011年中国人均GDP突破5000美元，回想那几年中国老百姓讨论最热的是什么？是医保、医药改革和医疗体制改革。人均GDP达到相应水平了，相关问题就会开始被人们注意到，2013年中国人均GDP逼近7000美元的时候，各种保健品的开销在居民整体消费中的比例逐渐增加。所以做保健品的创业者必须对这个数据敏感。

艺术收藏：当人均GDP到了1000美元时，艺术和收藏市场才能真正启动，当人均GDP达到8000美元时，艺术和收藏市场才会出现繁荣。在中国，当人均GDP还没到8000美元时这个市场就已经相当火爆了。出现这种现象的原因一方面与酒类市场相似，缘于中国人更热衷于收藏；另一方面与中国国土广袤，发展极不均衡有关，虽然当时整体的人均GDP未达到8000美元，但实际上很多地区，像上海、北京、深圳、广州等一线城市的人均GDP早已超过了8000美元，因此这些地方的艺术和收藏市场开始繁荣也很正常。

科技：一个国家只有人均GDP到了5000美元的时候才会真正注重科技对经济增长的作用。一般国家在人均GDP低于5000美元时对科技的重视是没有实质性行动的，一旦人均GDP超过了5000美元，国家就会有实质性的支持，如出台明确的科技产业政策，大力引进国外先进技术等。在这个阶段，多数国家开始注重自主研发，走引进吸收与自主创新并重的发展道路。当人均GDP超过10000美元之后，国家才会开始形成完整的产学研体系，建立国家创新体系。所以做科研创业的人要对这些有所了解。

人才：一般当人均 GDP 超过 2000 美元时海外科技人才开始回流，当人均 GDP 达到 5000 美元时，会出现部分海外人才回流，当人均 GDP 达到 7000 美元时，就会出现大规模海外人才回流。目前在海外工作的人才都在找机会回到中国来。

文化娱乐：这是目前十分热门的产业。中国的文化娱乐产业现在很热闹。当人均 GDP 为 3000 美元以下时，人们的生活质量与人均 GDP 关系较密切，当人均 GDP 超过 3000 美元后，二者的相关性就变得较弱，即富裕不等于幸福。当人均 GDP 为 1500 ～ 3000 美元时，文化娱乐消费将进入快速增长的阶段；当人均 GDP 达到 3000 美元时，文化娱乐消费将占总消费支出的 23% 左右；当人均 GDP 达到 8000 美元时，文化娱乐产业将迎来巨大的发展机会。

设计：当人均 GDP 达到 1000 美元时，经济运行中的人们开始关注设计，当人均 GDP 达到 2000 美元时，设计会逐渐成为主导经济运行的因素之一。

物流：一个国家只有在人均 GDP 超过 6000 美元后才会开始真正重视物流效率的全面提升，这个时候，产业的发展更多依赖于整个服务体系的完善和优化。2012 年中国人均 GDP 在五六千美元的这个坎上时，有相关专家预测下一个阶段物流行业肯定会大放异彩。那时候去布局物流行业就已经来不及了，要再提前几年进入才行。

安全生产：在不同的经济水平发展阶段安全生产的发展状况也不一样。当人均 GDP 不足 1000 美元时，对应的是事故的高发期；当人均 GDP 为 1000 ～ 3000 美元时，对应的是事故的易发期；当人均 GDP 为 3000 ～ 5000 美元时，对应的是事故的转型期；当人均 GDP 超过 5000 美元时，对应的是事故的下降期。

环保：根据发达国家的经验，当人均 GDP 小于 10000 美元的时候，环保的力度一定是不够的。当人均 GDP 超过 10000 美元时，环保的力度会极度加大，治理污染费用的投入会有极大的提升。所以在那个时候，靠低环保成本来维持高利润的企业一定会被淘汰，而从事环保产业的公司一定会有全新的增长。中国的人均 GDP 已突破 10000 美元大关，近几年国家在环保方面的要求也越来越严，相关投入也越来越大。

社会保障：当人均 GDP 接近但未达到 10000 美元时，社会保障水平上升得很快，当人均 GDP 超过 10000 美元后社会保障水平的增长开始放慢，当人均 GDP 超过 20000 美元后社会保障水平的增速开始回落。

投资开店：当人均 GDP 为 1000 ～ 2000 美元时，会开始出现连锁店铺；当人均 GDP 为 2000 ～ 4000 美元时，便利店、时尚专卖店、专业店大量产生；当人均 GDP 为 4000 ～ 5000 美元时，高级时尚品牌专卖店、奢侈品店、艺术品专卖店流行;当人均 GDP 达到 5000 美元以后,大型商超将兴起,并逐步成为城市居民消费的主流生态,街店和单体百货大楼一定会贬值衰落,因为去街店及单体百货大楼消费的人会越来越少。

投资理财:当人均 GDP 达到 1000 美元后人们将会出现理财需求;当人均 GDP 达到 2000 美元后股市开始繁荣;当人均 GDP 达到 5000 美元后信用卡信贷消费开始繁荣。

信用:当人均 GDP 为 300 ~ 500 美元时信用的作用并不明显;当人均 GDP 为 500 ~ 1000 美元时信用被大肆践踏;当人均 GDP 为 3000 ~ 5000 美元时整个社会的信用将进行重整;当人均 GDP 为 5000 美元以上时,信用将开始进入良性循环阶段。

保险:当人均 GDP 为 2000 ~ 10000 美元时,保费增长率可以达到 15% ~ 20%。

房地产:世界银行研究报告指出,一个国家的房地产业在人均 GDP 为 400 美元时开始起步。当人均 GDP 升至 1500 美元时,房地产业会进入稳定的快速增长期。当人均 GDP 升至 3000 美元时会达到增速的峰值,到这个时期会开始出现规模化的地产公司。一直到人均 GDP 升至 10000 美元时才进入房地产业的平稳期。当人均 GDP 超过 16000 美元时,房地产业就会开始衰退。

世界各国经济发展的历史表明,当人均 GDP 超过

1000 美元后，社会进入消费升级阶段，人们对大宗商品，如房屋、汽车和品牌产品等的消费需求加速，并推动着自身经济的高速增长。

中国自 2001 年人均 GDP 超过 1000 美元后，开始带动一系列大宗商品的消费。2003 年，中国人均 GDP 为 1288 美元，房地产消费开始进入快速增长期。2005 年，中国人均 GDP 已超过 1500 美元，房地产消费增速超过 20%。2001 年中国房地产消费市场的兴旺拉开了中国进入消费升级周期的序幕。

城镇化：当人均 GDP 达到 1000 美元后城镇化开始起步，当人均 GDP 达到 3000 美元时城镇化开始加速发展。当人均 GDP 达到 5000 美元后城市的发展空间将进行新拓展，新城将成为城市发展的新空间。当人均 GDP 达到 10000 美元后，城市空间结构就开始从"单中心"向"多中心"转变。

地下开发：当人均 GDP 达到 2000 美元后地下开发将兴起，当人均 GDP 达到 3000 美元后社会将开始有序、有规模地开发利用城市的地下空间资源。

地铁：当人均 GDP 达到 2000 美元后，地铁开始被广泛开发，当人均 GDP 达到 3000 美元后，地铁开始被高水平开发。

文物：当人均 GDP 为 3000～8000 美元时，历史文化遗产最易遭到破坏。

沿着人均 GDP 的变迁轨迹，每一个阶段都会出现相应的经济现象和社会现象，产业的机会与风险尽在其中。按照这个思路便可以推测出当前和未来的产业潮涨与潮落、兴衰和更替、机会与风险。

当然，每个时代、每个国家、每个地区，都有其特点，按照这个思路进行分析和判断的时候，不能绝对化、刻板化，需要根据时代和国家的具体特点进行调整。

显然，在经济发展的不同阶段，在人均 GDP 增长的不同范围，特定产业应该做的正确的事是完全不同的。从全国的范围来看，中国的人均 GDP 已经连续两年（2021 年与 2022 年）保持在 12000 美元以上，这样的人均 GDP 以及不同地区的不均衡发展，对于各个产业意味着什么样的市场机遇是值得创业者去认真研究的。

创业之"天"就是天时，也就是 Timing，指的就是正确的时间。这个"天"不能过于超前（那样需要对消费者进行消费习惯教育），要等到消费者已经真正准备好接受你的产品或者服务的时候；也不能开始得过晚，因为那时市场已经进入到残酷的竞争阶段。

5. 创业风口的指数级增长特征

创业者在选择创业方向时，必须对时代发展的趋势进行判断，判断的准确程度尤为重要。但创业者在对技术的进步程度或者市场的趋势进行判断时，多数难以克服线性思维的惯性，而实际上时代的发展越来越呈现出摩尔定律所揭示的指数增长的特点。指数增长更是创业风口的重要特征，如果创业者对此没有清晰的认识，必然会出现严重的误判。

新兴市场发展的规律是：刚开始时增长特别缓慢，过了临界点（风口）之后，步入高速增长期，并迅速达到最大速度，然后随着市场的饱和，发展速度迅速回落，增长速度重新变得缓慢。这是从速度角度来看，如果从规模角度来看，刚开始时市场规模缓慢增长，过了临界点（风口）之后，市场规模迅速攀升，然后随着市场趋于饱和，市场规模重新回到缓慢增长。

图 2-1 是一个高峰之前每年增速翻倍，高峰之后每年增速回落一半的市场创业风口指数级增长特征示意

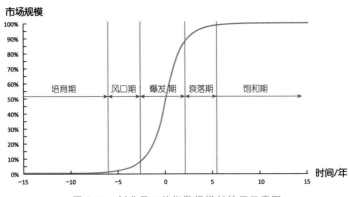

图 2-1　创业风口的指数级增长特征示意图

图，其总体市场规模的变化趋势为：最初是漫长而缓慢增长的市场培育期，接着是短暂的风口期、爆发期和衰落期，最后是漫长而近乎停滞的市场饱和期。

创业者的最佳创业时机是风口期，过早或过晚对创业者都不利，但把握住风口期进行创业十分困难。

其一是因为真正的风口期非常短暂，所以需要用细致的观察和深度的思考去把握。比如，雷军花了大量的时间和精力来观察和思考，才抓住了移动互联网创业的风口。而更多的时候，可能需要创业者在培育期就潜伏下来，然后耐心等待风口的到来。对于进入一个行业的时机的判断，真正考验的是创业者的宏观战略思维能力。

其二是因为指数增长具有巨大的欺骗性，从而会使创业者对风口的判断产生严重的偏差。关于指数级增长的欺骗性，以下几个经典例子和故事特别具有说服力。

第一个例子是：一张纸（厚度 0.1 毫米）对折 50 次后有多厚呢？答案会超出你的想象。通过简单的计算，我们会发现对折 50 次的纸的厚度为 $2^{50} \times 0.1 \times 10^{-6} \approx 1.126$ 亿千米，而地球到太阳的距离是 1.5 亿千米。

第二个例子可以称之为池塘的荷叶问题。池塘里长荷叶，第 1 天长 1 片荷叶，第 2 天长 2 片荷叶，第 3 天长 4 片荷叶，第 4 天长 8 片荷叶花，此后每过一天，池塘的荷叶数量就翻一倍。第 48 天的时候，池塘里长满了荷叶。请问：第几天的时候，池塘里长了一半的荷叶？答案是第 47 天。同理倒推可知，第 46 天的时候，池塘的 1/4 长了荷叶，第 45 天的时候，池塘的 1/8 长了荷叶……

张本伟在其著作《单点突破》中就讲述了这样一个案例。他说 2015 年 10 月，他遇到了一个计划投身在线教育的创业者，这位创业者原本在经营线下教育机构，年营收在 2000 万元左右。受在线教育风口的激励，这位创业者决心进行二次创业，做中小学在线题库。他们两人的对话颇具戏剧性，同时也鲜明地体现出职业望风选手（投资经理）和职业实干选手（创业者）之间在感觉与判断上存在着差异。

张本伟说："题库这个领域的风口已经过了。题库大战早在 2014 年就已开始，截至 2015 年，学霸君已经融到了 B 轮，猿题库融到了 D 轮并且推出了中小学领域的'小猿搜题'，对于初创企业，同质化应用几乎没有机会。"

创业者却非常笃定地说："不会！我调研了身边的中小学培训机构，绝大多数都还没有用上在线题库，市场的空间还很大！"

张本伟说，现在假想荷叶从池塘的东北角开始生长，对于一条位于池塘西南角的小鱼来说，直到第 47 天，它周围的池塘都不会存在荷叶，这条小鱼会觉得，市场的空间还大得很呢！许多创业者的观察视角就和这条小鱼一样。在新闻上听说有人在种荷花，还融到了资，看看身边的池塘，一点荷叶都没有，便认为市场的空间还很大，于是就想着那我也来种一下吧！其结果可想而知。

张本伟说因为这种错误判断而失败的创业者不在少数，不是一个一个的，而是一群一群、一片一片、一堆一堆的。

第三个例子是关于人类基因组测序的时间推测。联合国在 20 世纪 90 年代发起了人类基因组测序计划，当时联合国募集了资金并组织了专家对人类基因组进行测序，计划 15 年完成这项工作。可是 7 年过去后，专家们才完成了 1% 的任务，那么完成全部任务需要多长时间呢？

粗看之下，这是小学生也能回答的简单问题，7 年完成 1%，完成全部（也就是 100%）当然是需要 700 年。这也是当年许多批评者所持的观点。然而，谷歌首席未来学家雷·库兹韦尔却有着完全不同的看法。他仔细研究了联合国基因测序专家过去 7 年的工作，发现虽然过去 7 年才完成总工作量的 1%，但每年完成的工作量都在前一年的基础上增长了 1 倍，所以测序工作完成量并非以线性增长，而是以指数增长。据此他推测，如果每年完成的工作量能在上一年的基础上翻倍，那么从完成 1% 到 100% 需要的时间并不是 700 年，而是不到 7 年（因为 $2^7=128$），事实上到 2013 年 4 月专家组就完成了全部测序工作，也就是前 7 年完成 1%，后 6 年多完成 99%。

人类的发展呈现不断加速的趋势，技术和经济的发展符合指数增长的特征，在这样的背景下，如果仍用线性思维来思考相关问题，就会得出类似完成人类基因测序工作还需要 700 年的荒谬结论。历史上很多人都在这方面犯了非常可笑的错误，如表 2-1 所示，这些错误尤其值得我们反思。

表 2-1　历史上著名的与事实背道而驰的科技预言

时间	预言人	预言内容
1876	英国邮政局总工程师威廉·普利斯爵士	美国人需要电话，但我们不需要，我们有足够多的邮差
1876	西联国际汇款公司 (Western Union) 总裁威廉·奥顿	这种叫电话的东西缺陷太多，不能当真作为一种通信手段
1889	美国发明家托马斯·爱迪生	折腾交流电是在浪费时间，人们永远也不会使用它
1903	美国密歇根州储蓄银行总裁（建议福特律师不要投资福特汽车）	马匹不会过时，而汽车只是流行一时的新奇事物
1921	大卫·沙诺夫同事（在大卫·沙诺夫呼吁投资于无线广播时）	这种无线音乐盒没有任何能想到的商业价值，谁会为不针对具体人的讯息付费呢？

续表

时间	预言人	预言内容
1946	20世纪福克斯公司高管达里尔·扎纳克	过了一开始的六个月后,电视就不会再有任何市场了,人们很快就会厌倦每天晚上盯着一个胶合板做的盒子
1955	路易特吸尘器公司总裁亚历克斯·路易特	核动力吸尘器将可能在十年内成为现实
1959	美国邮政总局局长亚瑟·萨莫菲尔德	在人类抵达月球之前,你的邮件将通过制导导弹递送,数小时之内就会能从纽约送到澳大利亚。我们正站在火箭邮递时代的门槛上
1961	美国联邦通信委员会委员突尼斯·克雷文	太空通信卫星几乎没有可能被用于在美国提供更好的电话、电报、电视或广播服务
1966	《时代》杂志	远程购物尽管是完全可行的,但终将遭遇失败
1981	手机发明人马丁·库帕	移动电话绝对不会取代固定电话
1995	3Com公司创始人兼以太网发明者鲍勃·梅特卡夫	我预测互联网很快将成为壮观的超新星,而到1996年就会遭遇灾难性的崩溃
2005	YouTube联合创始人兼首席技术官陈士骏(担忧公司长期生存能力时说)	就是没有那么多我想看的视频
2006	《纽约时报》戴维·波格	大家总是问我苹果公司什么时候会推出一款手机,我的回答是,可能永远不会
2007	微软公司首席执行官史蒂夫·鲍尔默	iPhone根本就没有占据主流市场份额的机会

今天我们在判断新兴技术的未来时，如果这些技术给人的感觉还很幼稚、很遥远，那就特别需要警惕你是不是在用线性思维思考。如果转换成指数思维来考察，也许就会得出完全不同的结论，也许就会发现这些技术在未来数年就会走进我们的生活。如果你对此有所怀疑，不妨想想电脑的发展历史，想想手机的发展历史，想想互联网的发展历史。

当你真正以指数思维进行思考的时候，就不会对雷·库兹韦尔的大胆预言嗤之以鼻了。比如他预言，2029年人工智能将超越人类，2040年计算机将产生自我意识，2045年人类将实现永生。如果你真正以指数思维来思考时，你可能就不会觉得他是痴人说梦了。

但另一方面，指数思维也告诉我们，当我们走在创业的道路上时，一开始往往是非常困难的，如果以线性思维的方式去看未来，就会觉得现实离预期还很遥远，往往就会丧失坚持下去的信心。但是，如果用指数思维方式来看，就会有完全不同的结论，一旦突破临界点，迎来风口和紧跟其后的爆发期，增长的绝对速度就会超乎想象。正如前文联合国人类基因组测序计划所告诉我们的，前面7年只完成了1%，后面6年多却完成了99%。星星之火，可以燎原，应该就是这个意思吧。

三、地：正确的地方（Right Place）

《孙子兵法》说："地者，远近、险易、广狭、死生也。"地指的是战场的地理环境，行军布阵、安营扎寨的场所，地势的高低，距离的远近和空间的大小。此时军队的管理者应该谋算的，是如何将地形和地势转化为地利，并将地利转化为制胜的条件和优势。

那么，什么是创业之地呢？商场如战场，创业之地指的就是创业的地方，创业的市场。创业必须选择正确的地方、正确的市场。对创业细分市场的考察，至少应该包括：（1）市场空间的大小、发展趋势和天花板的高低；（2）市场的竞争态势，包括竞争对手及其势力范围的划分、各自的市场份额；（3）创业的核心竞争力，如这是我们的地盘吗？为什么说是我们的地盘？我们相对于竞争对手有哪些市场优势？

如何选择创业的市场方向是创业时创业者要面对的重要问题。

1. 如果没机会做第一，就不要进入这个市场

孙正义"孙孙兵法"中"一"的内容就是关于市场

选择原则的。"一"是孙正义最基本的经营思想，即做任何事业，都要追求顶尖，如果一开始就知道没办法拿到第一，那么就不要出手。孙正义认为，除了获得第一名是成功外，其余名次均等于失败。

这也是为什么孙正义在选择第一个行业的时候，会选择数字信息化这个新兴的产业。而在具体领域上，会绕开个人计算机硬件制造和系统操作软件，首先进军应用软件流通业。孙正义要尽量避开颇具实力的微软、英特尔等公司，尽量不与这些大鳄为敌，并想办法与他们合作并获得他们的大力支持。

可以看出，孙正义的"第一"，并不是在激烈搏杀的"红海"中与对手拼个你死我活，而是要另辟蹊径，提前进入当时还没有人涉足的"蓝海"，从而建立起自己的竞争优势。

孙正义对阿里巴巴的投资，以及他的其他投资，也坚持了同样的逻辑和原则，那就是他所投资的创业者有成为行业第一的潜质。

《孙子兵法》说："行千里而不劳者，行于无人之地也；攻而必取者，攻其所不守也。……敌虽众，可使无斗。"对于创业者来说，就应该选择无人之地，选择潜在对手所不守之地，避开对手人多势众之地。

2. 没有市场，一切免谈

在决定进入所选择的市场之前，还必须考察一下市场的空间是否足够大，天花板是否足够高，未来的成长空间是否足够大，并非所有解决客户痛点的技术或方案都能发展成一个创业公司，如果市场空间太小、市场已经饱和、行业即将触碰到天花板，或者市场正在急速萎缩，创业公司就无法获得足够多的客户，无法创造足够多的利润，创业也就面临着失败。

一个恰当的例子是药品的开发。全球的医药公司都在常发、多发病上投入了大量的研发资源，而对那些非常罕见的病（也许并不难研发出医治的药物），却没有医药公司愿意投入资源研发相应的药物。对患罕见病的人来说，医治的药物无疑是刚需，但这个市场的容量或者说空间太小了，所以从商业的角度来看，明显不适合创业。

还有些行业，虽然市场容量或者说空间很大，但市场份额已经被现有竞争者瓜分殆尽，市场已经或者马上就要触及天花板了，显然这些也不适合创业。就像今天的智能手机市场，市场已经触及天花板了，所以Facebook、Google等巨头开始将眼光转向虚拟现实，转向人工智能和机器人。

3. 只有深入一线，才能真正了解市场需求

孙子说："故知战之地，知战之日，则可千里而会战……不知山林、险阻、沮泽之形者，不能行军；不用乡导者，不能得地利。"曹操说："欲战，审地形以立胜也。"孙子和曹操指出地形是作战的关键，提前熟悉作战地形才是"立胜"之道。李世民打仗，每战前必须亲自去查看地形，甚至观察敌营，即使多次遇到危险，他也不把这活儿派给别人，一定自己去。因为一切答案都在现场，只有到了现场，才知道在什么地方怎么用兵，提前打好腹稿，作战时就胸有成竹。

对创业者来说，熟悉了解地形，即市场的竞争态势同样非常重要。创业者不仅应该拥有充分的情报，还应该亲自到市场第一线、生产第一线去了解用户的需求，了解员工和生产现场的状况及存在的问题。日本丰田公司闻名全球的精益生产方式强调持续改进，而持续改进的对象和方法，就是生产和营销的精益现场管理。

4. 以互联网和全球化思维，构建核心竞争力

在互联网时代，每一个市场参与者的本地优势基本都被全球互联侵蚀掉了，创业者面对的对手不再只是本地的竞争者，而是全国的竞争者乃至全球的竞争者。随

着互联网的发展，创业者的对手也不再只有线下竞争者，还有线上竞争者，传统行业因此承受了巨大的挑战和压力。比如，传统的酒店业，面临携程、去哪儿等互联网企业的挑战；传统的出租车行业，面临滴滴、Uber 等互联网企业的挑战；传统的餐饮业，面临饿了么、美团、大众点评等互联网企业的挑战。另一方面，互联网也给每个市场参与者提供了面向全国乃至全球市场的便利机会。通过淘宝、京东等平台，企业就可以将产品销售至全国甚至全球；通过大众点评、美团等平台，企业可以吸引到远方乃至全球的顾客。在当今这个时代，创业者必须拥抱互联网，必须具有互联网思维和全球思维，必须以互联网视野和全球思维构建对市场和市场竞争的认识及理解。

在这样的态势下，创业者依据自身的核心优势构建核心竞争力，构建让自己能够免于激烈竞争的护城河，既更加不易，也更加重要。那么，什么是核心竞争力？最强的核心竞争力就是这件事只有你能干，别人不能干或者干不了。比如，茅台酒的品牌、地理区位、酿制的酒窖，就是茅台"独一无二"的核心竞争力。更多的时候，核心竞争力体现在这件事你能干别人也能干，但你能比大多数人（比如 90% 甚至 99% 的人）干得更好、更快或更容易。比如，上海作为交通枢纽，有四通八达的铁路网、公路网、航空网、远洋和内河航运网，又地处中国沿海经济发达地区的中部，它作为物流中心，就非常有核心竞争力，比绝大多数地方都更便利，上海港也因此成为中国最大的港口。

5. 创业为什么需要护城河：创业的第二种方法

有这么一个段子："共享单车最大的问题是，颜色不够用了！"一夜之间，大街上摆满了五颜六色的共享单车：小黄车、小蓝车、小绿车……

据统计，2018 年北京市场上运营的共享单车企业就有 27 家之多，例如快兔出行、摩拜单车、OFO 单车等。但到了 2022 年，共享单车企业就只剩下 3 家了。

还有 P2P 行业，从 2013 年余额宝横空出世之后开始呈爆发式发展，到 2018 年高峰时期这类企业达到 6300 家。鱼龙混杂的市场形势下导致许多企业频频暴雷，监管机构马上出台政策进行规范。到 2021 年 11 月，这类企业仅剩下 15 家。

在赢家通吃的互联网时代，没有核心竞争力和护城河的创业企业是不可能成为赢家的，基本上只有被其他企业通吃的命运。因此，很多创业者面对投资者时，投资者会提出这样的问题：你如何应对类似 BAT（中国互联网公司三巨头：百度、阿里和腾讯）这样的巨头的进攻？没有核心竞争力，没有护城河，这个问题就是一个无解的难题。

这方面一个著名的案例是方兴东和博客网。方兴东有着"互联网旗手"和"中国博客之父"之称，他对中国互联网 Web 2.0 的发展和普及有着不可磨灭的功绩。

2002 年，方兴东创建博客网的前身（博客中国），之后 3 年内网站的规模始终保持每月超过 30% 的增长速度，全球排名一度飙升到前 60 多位，并于 2004 年获得了盛大创始人陈天桥和软银赛富合伙人羊东的 50 万美元天使投资。2005 年 9 月，方兴东又从几家著名风险投资公司那里融资 1000 万美元，并引发了中国 Web 2.0 的投资热潮。之后活跃在中国的风险投资机构要是不知道 Blog、Podcast、RSS、P2P 等术语，就是落伍的标志。

随后，"博客中国"更名为"博客网"，并宣称要做博客式门户，号称"全球最大中文博客网站"，还喊出了"一年超新浪，两年上市"的目标。于是在短短半年时间内，博客网的员工就从 40 多人增至 400 多人，据称博客网 60% ～ 70% 的资金都用在了工作人员的工资上。同时，博客网还在视频、游戏、购物、社交等众多项目上大力投入资金，千万美元很快就被挥霍殆尽。博客网至此开始了持续 3 年的人事剧烈动荡期，高层几乎整体流失，方兴东本人的 CEO 职务也被一个决策小组取代。到 2006 年年底，博客网的员工已经缩减到融资前期的 40 多人。

博客网不仅面临资金链断裂、经营难以为继的困境，同时其业务也不断萎缩，用户大量流失。为摆脱困境，2008 年，博客网酝酿将旗下博客中国和 bokee 分拆为两个独立的公司，分拆之后分别转向高端媒体和 SNS（社交网络服务）。但同年 10 月博客网又因自身定位不清、扩张过快和金融危机陷入裁员危机之中，宣布所有员工可以自由离职，也可以留下，但均没有工资，此举与"博客网直接宣布解散"没有任何区别。

其实，早在博客网融资后不久，新浪就高调推出其博客公测版，到 2006 年年末，以新浪为代表的门户网站的博客力量已完全超越了博客网等新兴垂直网站。随后，博客几乎成为所有门户网站的标配，门户网站轻而易举地复制了方兴东团队辛辛苦苦摸索和开辟出来的道路。再后来，多家社交网站开始大出风头，对博客形成了不小的冲击。网民和资本市场对于博客的注意力也逐渐下降。

另外，无论是方兴东自己还是熟悉他的人，都一致认为他是个学者或文人，绝非是熟谙管理和战略的商业领袖，没有掌控几百人的团队和千万美元级别资金的能力。博客作为 Web 2.0 时代的一个产品，是互联网发展过程中的一大跨越，它引领互联网进入了自媒体时代。博客本身是成功的，但对于博客网，它让投资人的资金化为乌有，从引领 Web 2.0 的先驱成为无人问津的弃儿，无疑是失败的。

还有雷军的小米手机，众多模仿者一哄而上，导致其市场地位一度受到冲击和挑战，小米不得不在核心竞争力上下狠功夫。而华为手机由于拥有难以匹敌的研发实力，依托自主研发的核心芯片形成了强大的核心竞争力，所以迅速崛起成为全球销量第三、中国销量第一的手机企业。

创业的确是一件充满荆棘和挑战的事情。创业者往往面临两难的局面：或者是从 0 到 1 根本就没跑通，创业失败；或者是好不容易跑通，却在一夜之间出现了无数效仿者，同时资本和产业巨鳄也虎视眈眈。正如共享单车和 P2P 行业所经历的那样。

如果创业没有护城河，失败就是创业者必然面对的现实。

创业的第一种方法是寻找客户痛点，第二种方法就是"复制"（Copy）。复制的路径是什么？就是从先进的地区和市场往落后的地区和市场转移。比如，搜狐、百度、新浪、微博、微信、大众点评、美团……在"一带一路"的大背景下，"复制"更是迎来了巨大的机会，比如到印度开淘宝、京东，到巴西做农业……

由于中国地大物博，中国的东、中、西部，南、北部发展并不均衡，所以创业者还可以从东部往中、西部复制，从南方往北方复制，从一、二线城市往三、四、五线城市复制，这就是地区发展不均衡为创业者创造的机会。

6. 地区发展不均衡背景下的创业机会

中国国土广袤，地区之间的发展也极不均衡，所以从产业发展与人均 GDP 的关系来看，在某个城市是正确的方向，但在另一个城市就可能是错误的。今天在一线城市正确的方向，可能就是未来二、三、四、五线城市正确的方向，或者说，过去在一线城市正确的方向，今天就是二、三线城市的正确方向，未来就是四、五线城市的正确方向。

正是因为有这样的不均衡，按照创业的第二种方法即"复制"的方法来看，地区差异性带来了将发达地区的成功模式复制到欠发达地区的创业机会。

2020 年，中国人均 GDP 为 10504 美元，但区域发展极不均衡。在全国 336 个城市之中，人均 GDP 最高的 10 个城市全部超过 2 万美元，最高约 2.62 万美元。人均 GDP 最低的 10 个城市全部不到 4000 美元，人均 GDP 最低的 5 个城市连 3000 美元都不到，最低仅

1275 美元，如表 2-2 所示。

表 2-2　2020 年中国人均 GDP 最高的 10 个城市和最低的 10 个城市

排名	城市	人均GDP/美元	所属省份	排名	城市	人均GDP/美元	所属省份
1	克拉玛依市	26217	新疆维吾尔自治区	327	平凉市	3739	甘肃省
2	无锡市	24029	江苏省	328	昭通市	3667	云南省
3	北京市	23899	北京市	329	喀什地区	3638	新疆维吾尔自治区
4	鄂尔多斯市	23783	内蒙古自治区	330	天水市	3232	甘肃省
5	南京市	23058	江苏省	331	果洛州	3101	青海省
6	苏州市	22928	江苏省	332	陇南市	2725	甘肃省
7	深圳市	22841	广东省	333	定西市	2536	甘肃省
8	上海市	22551	上海市	334	临夏州	2275	甘肃省
9	常州市	21435	江苏省	335	玉树州	2043	青海省
10	珠海市	20681	广东省	336	塔城地区	1275	新疆维吾尔自治区

　　从现实来看，温州人、莆田人就是把握区域发展不均衡机会的高手。近年来强势崛起的拼多多，也是把握这样的创业机会的高手。

　　从国家统计局网站公布的 2020 年人均 GDP 统计数

据来看（如图 2-2 所示），2020 年全国还有 5 个城市人均 GDP 不到 3000 美元，有 45 个城市人均 GDP 不到 5000 美元，有 186 个城市人均 GDP 不到 8000 美元，有 235 个城市人均 GDP 没有达到全国平均水平（10504 美元）。

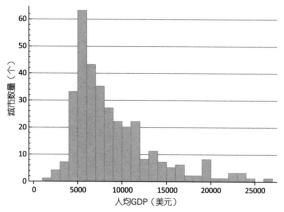

图 2-2　2020 年全国 336 个城市人均 GDP（美元）分布

城市人均 GDP 集中在 4000 ～ 12000 美元这个区域（共有 277 个城市，约占全部城市数量的 4/5），特别是 4000 ～ 8000 美元这个区域（共有 174 个城市，约占全部城市数量的 1/2）。

正是在这样的背景下，拼多多采取农村包围城市的策略。对于低收入人群来说，他们对于产品的根本诉求是解决核心需求的同时价格低廉。拼多多于 2015 年成立，一开始是借中国移动互联网下沉到乡镇的契机，为这数亿人群提供了极高性价比的网购方案。拼多多在商业逻辑上也做到了创新，其逻辑的重点不是运营店铺、品牌，而是运营"爆品"，机制与今日头条有异曲同工之妙。成立后，拼多多用两年的时间实现了全年商品交易总额超1000亿人民币，为达到同样的数据淘宝用了5年，京东用了10年。拼多多用3年时间拥有了约3亿的用户，超过100万商家，并于2018年在美国上市，市值300亿美元。拼多多成就了自己的传奇，这样的传奇背后，是拼多多对市场的精准分析、研究和选择。

不仅是拼多多，小米（"发烧"，性价比）、vivo（三、四、五线城市年轻用户，国际品牌，女性，自拍，音乐，耐用）、OPPO（三、四、五线城市年轻用户，国际品牌，音乐，拍照，耐用）也都赢在对市场的精准选择上。vivo全球副总裁兼首席市场官冯磊曾经这么说："我们在三、四、五线市场占据了绝对的优势。不是我们去抢，而是没人去，我们去了，没有对手当然就是'老大'。"

中国各个地区的发展不均衡，不仅仅体现在以人均GDP为代表的经济水平上，也体现在人才、交通条件、城市管理水平、教育医疗水平、政府服务水平等方面，而这些对于要在当地落地注册的创业者来说，都是创业难易、成败的重要影响因素，是创业者必须慎重考虑的因素。笔者在北京有不少做投资的同学朋友，他们基本上不会投资除北上广深苏浙闽之外的企业。在很多投资人眼中，北上广深苏浙闽的创业环境相较国内其他城市优势明显。当然，还有一句投资界尽人皆知的话，叫"投资不过山海关"，因为东北三省的投资环境曾经令很多投资人感到胆寒。笔者有一位优秀的师弟在广州创业，曾经有城市想利用"人才引进计划"将他引进到北方某地，结果他说在广州创业者根本不用考虑经营管理之外的事情，政府真正把服务做到了实处，做到了让每位创业者满意，这样就大大节省了创业者的时间和精力。他的话让其他一些还在为工商、税务、消防、环保、社保、户口、子女教育等头痛的创业者非常羡慕。

我们在中国 336 个城市 2020 年的人均 GDP 排名中看到，排在前面的基本上都是珠三角、长三角、环渤海三大经济圈的城市。这主要是因为这些地区良好的创业生态吸引了大量优秀的人才，进而又引来了资本的投入，从而促进了当地经济社会的发展，当地经济社会的发展反过来又进一步提升和改善了当地的创业生态，于是形成了良性循环。

不过，其他地方（包括中西部）也在奋起直追：招商、引资、引智的力度和政府的服务水平在不断提升，近几年尤其明显。这些地区如能在借鉴先行者经验的基础上利用好后发优势，并充分利用资源与政策的优势，那么这些地区在将来的某一天实现弯道超车也是完全可能的。

7. "一带一路"倡议背景下的创业机会

根据"中国一带一路网"官方数据，到 2022 年 8 月，"一带一路"合作国家包括中国在内已达到 150 个，约占到全球国家总数量的 3/4。其中，亚洲 39 个，欧洲 27 个，非洲 52 个，大洋洲 11 个，北美洲 12 个，南美洲 9 个。

世界银行发布的 2021 年世界发展指标（WDI）统计数据显示，"一带一路"中的 150 个合作国家总人口为 50.3 亿，占全球总人口 78.4 亿的 64.2%；GDP 总量 39.3 万亿美元，占全球国家 GDP 总量 96.1 万亿美元的 40.9%；人均 GDP 为 7816.4 美元，相当于全球平均水平（12262.9 美元）的 63.7%。粗略来看，"一带一路"150 个合作国家总人口约占全球总人口的 2/3，GDP 总量约占全球 GDP 总量的 2/5；人均 GDP 约为全球人均 GDP 的 3/5。

从 2021 年的数据来看，在"一带一路"倡仪下的 150 个合作国家之中，中国总人口 14.1 亿，排名第一，占比 28.1%，GDP 总量 17.7 万亿美元，排名第一，占比 45.1%，人均 GDP 为 12556.3 美元，排名第 38 位（相当于 100 名的第 25 名），是总体 GDP 平均水平的 1.61 倍。

在"一带一路"倡仪下的 150 个合作国家中，人均 GDP 比中国高的国家有 37 个，这 37 个国家的总人口为 3.6 亿（占 150 个国家总人口的 7.2%），GDP 总量 9.9 万亿美元（占 150 个国家 GDP 总量的 25.3%），人均 GDP 为 27456.3 美元。人均 GDP 比中国低的国家有 112 个，这 112 个国家的总人口为 32.5 亿（占 150 个国家总人口的 64.7%），GDP 总量 11.6 万亿美元（占 150 个国家 GDP 总量的 29.6%），人均 GDP 为 3576.2 美元。

"一带一路"倡议中的 150 个合作国家从总人口 50.3 亿来看市场潜力巨大，从人均 GDP 仅 7816.4 美元来看总体发展水平较低。人均 GDP 从最高 135682.8 美元到最低 236.8 美元，发展水平差异巨大，如表 2-3 所示。

表 2-3 "一带一路"倡议 150 个合作国发展水平统计（按人均 GDP 分类）

人均 GDP	国家数	人口（亿）	人口占比	GDP（万亿美元）	GDP占比	人均GDP（美元）
5 万美元以上	4	0.18	0.36%	1.1	2.90%	63425.3
3 万～5 万美元	7	1.28	2.55%	4.6	11.61%	35645.9
2 万～3 万美元	11	0.83	1.66%	2.0	5.06%	23894.0
1 万～2 万美元	22	17.99	35.76%	23.0	58.38%	12761.1
5000～1 万美元	26	3.76	7.47%	2.8	7.05%	7382.4

人均 GDP	国家数	人口（亿）	人口占比	GDP（万亿美元）	GDP占比	人均GDP（美元）
3000～5000 美元	22	7.83	15.56%	3.1	7.92%	3977.9
2000～3000 美元	14	6.47	12.86%	1.5	3.84%	2335.5
1000～2000 美元	20	5.73	11.39%	0.8	2.09%	1434.0
1000 美元以下	24	6.23	12.39%	0.4	1.13%	713.2

根据表 2-3 可知，"一带一路"倡议下的 150 个合作国家中，人均 GDP 低于中国并处于 10000 美元以下的有 106 个国家，总计 30.0 亿人口，人均 GDP 在5000 美元以下的有 80 个国家，总计 26.3 亿人口，人均 GDP 处于 3000 美元以下有 58 个国家，总计 18.4 亿人口。从创业的角度来看，特别是在国家"一带一路"倡议的大力引领和支持下，中国许多成熟的技术和模式，可以复制到这些相对发展滞后的国家和地区，可以说创业的机会很多。

最后再总结一下，对于创业者来说，选择创业之地就是思考：我要选择在哪里开始自己的事业？我要选择一个什么样的细分市场？市场空间是否足够大？未来发展的趋势如何？天花板有多高？市场竞争情形如何？竞争势力范围如何划分？哪里是我们的地盘，为什么说此处是我们的地盘？

四、将：正确的人（Right Person）

1. 为将五德：智、信、仁、勇、严

《孙子兵法》说："将者，智、信、仁、勇、严也。"《孙子兵法》提出了为将五德作为评判、选拔将帅的标准和依据。

孙子强调的"将"的人格内容和顺序与儒家强调的"礼义仁智信"有很大不同。特别值得注意的是，在孙子的排序中，"智"名列第一，"勇"居第四。孙子之所以强调"智将"而非"勇将"，是因为孙子的价值观是先胜后战，是不战而屈人之兵，是上兵伐谋，《孙子兵法》的体系是谋算成败的体系，对逻辑推理和计算的要求很高，所以把"智"作为五德之首。

但智、信、仁、勇、严并不只是一个简单的排序，更不是独立的存在，而是必须五德具备，只有这样，才能构成"为将者"完整的人格体系。正如贾林在其注解中所说："专任智则贼，遍施仁则懦，固守信则愚，恃勇力则暴，令过严则残。五者兼备，各适其用，则可为将帅。"王晳在注解中说："智者，先见而不惑，能谋虑，通权变也；信者，号令一也；仁者，惠抚恻隐，得

人心也；勇者，循义不惧，能果毅也；严者，以威严肃众心也。五者相须，缺一不可。"梅尧臣在其注解中说："智能发谋，信能赏罚，仁能附众，勇能果断，严能立威。"

领导者需要具备什么样的基本素质和才能，"人杰"才能心甘情愿为其所用呢？《孙子兵法》提出的"为将五德"与儒家提出的"儒家五常"在内容和顺序上均有所不同。应该说，儒家五常更适合守成，而兵家五德更适合创业。

兵家要求为将者五德俱全，这是一个非常高的要求。即使是曾国藩也认为自己无法达到这个标准。相传，曾国藩一介书生临危受命，带兵打仗。每天翻看《孙子兵法》，常拿自己对照为将五德。智，从来没有打过仗，肯定不合格！信和仁，还算凑合。勇，自己虽然并非贪生怕死之辈，但作为手无缚鸡之力的文弱书生，怎么也勇不起来，也不合格。严，没问题，他认为之所以天下大乱，是累积了"几十年该杀未杀之人"，杀该杀之人就是对人民最大的仁义，所以他"杀人如麻，仁义行天下"，最后得了个"曾剃头"的绰号。

我们常形容人智勇双全，可见"智勇"的重要性。但如果不具备这两点，有没有什么办法弥补呢？曾国藩怎么看都觉得自己在智勇方面差得很远，属下的农民将领更是不行。他后来总结出两个字："廉"和"明"。曾国藩在孙子"智、信、仁、勇、严"的为将五德上增加了"廉、明"两字。

曾国藩解释说,士兵无法去要求将领足智多谋、能征善战,但人人都非常关心自己的利益是否被侵犯,对"将"在金钱方面是否干净、在保举提拔下属方面是否公平十分在意。为将者不贪钱,当兵的就服你。"廉"最基本的要求是账目公开透明。为将者严以律己,做到清正廉明,宽以待人,这样下属就愿意为之出生入死。

而"明"就是对下属的表现要心知肚明。临阵作战的时候,谁在冲锋陷阵,谁在随后助势,谁在拼死阻击,谁在偷奸耍滑,将领要看得明明白白,记得清清楚楚,对平时每个人办事的勤惰虚实、是非功过也要逐细考核,并据此进行及时、准确、恰当的奖惩赏罚。

曾国藩认为,作为将领,因为往往是在后面指挥,不在前面冲杀,所以身先士卒的要求倒在其次。最重要的也不是计谋高超、指挥若定,而是分配公平。如果每个人的功过为将者都清清楚楚,都能准确衡量、赏罚分明,那么他军队中的士兵一定是人人奋勇、个个争先、群策群力,从而可以弥补甚至超越为将者个人智勇能力上的不足。

所以作为领导者,不能只关注事,更要关注人。不要认为事情办完了办好了就万事大吉了,还要弄清楚在办事的过程中每个下属究竟发挥了什么作用,并且要精准奖惩，这样以后的事才能办得更好。举例来看，项羽是冲锋陷阵、身先士卒，而刘邦就只管赏罚功过。

曾国藩认为，以"廉、明"为基础，"智、信、仁、勇、严"可以逐渐积累。若没有"廉、明"的基础，那么"智、信、仁、勇、严"注定是空。

曾国藩的所作所为对创业者来说尤其具有借鉴意义，因为绝大多数创业者恐怕很难做到五德俱全。曾国藩提供的创始人成长路径，即从信、仁、严、廉、明做起，在创业中不断学习、不断进步，逐步向智、信、仁、勇、严、廉、明全面发展。

2. 领导之道：知人善任，分配公平

创业之将就是创始人及其团队。有一种说法，叫投资就是投人，团队的优劣对创业的成败具有决定性作用。

因此对于创业者来讲，有两件事情特别重要，一是创业者自身的成长，二是组建相对完整的创业团队。

创业者成长的目标是什么呢？是成为有道、得人心的领导者。什么样的领导得人心？即要"知人善任，分配公平"。这一点，汉高祖刘邦和麾下大将韩信曾表述得非常清楚，特别是韩信通过对比刘邦和项羽，将这一点分析得非常清晰。

《史记·高祖本纪》中记载，高祖置酒洛阳南宫。高祖曰："列侯诸将无敢隐朕，皆言其情。吾所以有天

下者何？项氏之所以失天下者何？"高起、王陵对曰："陛下慢而侮人，项羽仁而爱人，然陛下使人攻城略地，所降下者因以予之，与天下同利也，项羽妒贤嫉能，有功者害之，贤者疑之，战胜而不予人功，得地而不予人利，此所以失天下也。"高祖曰："公知其一，未知其二。夫运筹策帷幄之中，决胜于千里之外，吾不如子房。镇国家，抚百姓，给馈饷，不绝粮道，吾不如萧何。连百万之军，战必胜，功必取，吾不如韩信。此三者，皆人杰也，吾能用之，此吾所以取天下也。项羽有一范增而不能用，此其所以为我擒也。"

《史记·淮阴侯列传》记载，刘邦在萧何强烈推荐之下拜韩信为大将军，然后向韩信问计，韩信在问答中对比了刘邦与项羽："大王自料勇悍仁强孰与项王？"汉王默然良久，曰："不如也。"信再拜，贺曰："惟信亦为大王不如也。然臣尝事之，请言项王之为人也。项王喑噁叱咤，千人皆废，然不能任属贤将，此特匹夫之勇耳。项王见人恭敬慈爱，言语呕呕，人有疾病，涕泣分食饮，至使人有功当封爵者，印刓敝，忍不能予，此所谓妇人之仁也。项王虽霸天下而臣诸侯，不居关中而都彭城，有背义帝之约，而以亲爱王，诸侯不平。诸侯之见项王迁逐义帝置江南，亦皆归逐其主而自王善地。项王所过无不残灭者，天下多怨，百姓不亲附，特劫于威强耳。名虽为霸，实失天下心。故曰其强易弱。今大王

诚能反其道,任天下武勇,何所不诛!以天下城邑封功
臣,何所不服!以义兵从思东归之士,何所不散!且三
秦王为秦将,将秦子弟数岁矣,所杀亡不可胜计,又欺
其众降诸侯。至新安,项王诈坑秦降卒二十余万,唯独
邯、欣、翳得脱,秦父兄怨此三人,痛入骨髓。今楚强
以威王此三人,秦民莫爱也。大王之入武关,秋毫无所
害,除秦苛法,与秦民约,法三章耳,秦民无不欲得大
王王秦者。于诸侯之约,大王当王关中,关中民咸知
之。大王失职入汉中,秦民无不恨者。今大王举而东,
三秦可传檄而定也。"于是汉王大喜,自以为得信晚。

　　魏武帝曹操对此也有精彩论述。《三国志·魏书·
武帝纪》记载道:"初,绍与公共起兵,绍问公曰:'若
事不辑,则方面何所可据?'公曰:'足下意以为何如?'
绍曰:'吾南据河,北阻燕、代,兼戎狄之众,南向以
争天下,庶可以济乎?'公曰:'吾任天下之智力,以道
御之,无所不可。'"领导之道,大道至简,用人为要,
曹孟德尽得其精髓。

　　知人善任,其一,要有知人的本领,知道下属的长
处和短处,优点和缺点。其二,要善于用人所长,最理
想的情况是让每个人做他最擅长、最愿意做的工作。天
生我材必有用,天下没有真正无用之人,无用只是因为
他没有被放在适合的位置。如果让诸葛亮去干张飞的活
儿,让张飞去干诸葛亮的活儿,就等于把二人的长处都

埋没了。其三，要重视育人、培养人，好的领导都应该是好的教练和导师，是培养人的高手。其四，要能与下属分享利益，并且做到赏罚分明、分配公平。

好的领导都是育人的高手，比如刘邦。萧何、曹参、樊哙这些后来的开国功臣，刚开始都不过是沛县的小人物，是刘邦培养了他们，成就了他们。对于创业者来说，育人的本领尤其重要，因为刚开始创业时的条件都很艰苦，很难吸引到优秀的人才，此时就要从内部将不那么优秀但有潜力的部下选拔培养出来。例如，马云刚开始创立阿里巴巴时，公司能够招聘到的员工的素质相当不如人意，但马云从中发现、选拔、培养出了大量的优秀人才。北大 1898 咖啡馆前任轮值主席、北大医学部校友叶子隆，也是被逼成为培养人才的行家里手的。叶子隆 2004 年创立美尔目医院时，能够招聘到的员工最高学历只有大专。叶子隆没有办法，只能亲自给他们讲课，并从中发现、选拔了不少人才。而最早的这些员工，如今很多已经成长为美尔目医院的骨干。今天的美尔目医院已经能够吸引到北大、清华等院校毕业的博士。对比往昔，叶子隆十分感慨创业的不易和创业过程中不断挑战自我、突破自我的乐趣。

郭象的《庄子注》中也说："夫王不材于百官，故百官御其事，而明者为之视，聪者为之听，知者为之谋，勇者为之扞。……则不材乃材之所至赖也。"这里也在强调知人善任是领导者最重要的本领，而领导者本人是否有专业才能，其实并不重要。有时候领导者的专业才能太强，可能反而是坏事。《人物志·流业》中说："主德者，聪明平淡，总达众材，而不以事自任也。是故主道立，则十二材各得其任也。……若道不平淡与一材同用好，则一材处权，而众材失任矣。"

3. 一流的领导，自己不干，下属快乐地干

有这样一种说法，叫一流的领导，自己不干，下属快乐地干；二流的领导，自己不干，下属拼命地干；三流的领导，自己不干，下属主动地干；四流的领导，自己干，下属跟着干；五流的领导，自己干，下属没事干；六流的领导，自己干，下属对着干。

对照来看，诸葛亮只能算五流的领导，而唐僧则是一流的领导。为什么这么说？因为诸葛亮不但事必躬亲，分配任务时还总给下属三个锦囊妙计，结果不仅把自己累死，而且还没有培养出优秀的人才，以至于"蜀中无大将，廖化作先锋"。

反观唐僧，说他是一流的领导主要有以下几个原因：一是目标和定位十分明确，贫僧乃大唐御弟，前往西天取经，一句话讲清楚我是谁、要做什么；二是意志力无比坚定，九九八十一难从不动摇；三是心胸宽广，能唯才是举、用人所长，孙悟空被判过500年"有期徒

刑",猪八戒、沙和尚和白龙马都有"前科",但都能在唐僧的调教下终成正果;四是领导水平高超,善于恩威并施,既是几位弟子的救命恩人,也有紧箍咒;五是善于维护关系特别是上层关系,即唐僧深得如来佛祖、观音菩萨和唐太宗的信任和支持。

此外,还有一个原因,就是唐僧的业务能力(打妖精)为零,所以他只能在前三流"混"。可见专业能力的强弱与能不能成为一流的领导并没有正相关关系,专业能力强反而可能会成为创业者成长为卓越领袖的障碍。这方面刘邦与项羽也是很好的正反案例:刘邦通常是一看这事我不行,问问看谁行,谁行就让谁去做,自己只管在后面看清楚谁冲锋在前,谁畏缩不前,看清楚每个人贡献大小、赏功罚过;而项羽总是身先士卒,亲自冲锋陷阵。

很明显,论专业能力,诸葛亮、项羽都是一流的,唐僧和刘邦的专业能力都一般,但论领导水平,唐僧和刘邦绝对是一流的,而诸葛亮和项羽就略显逊色了。

怎样才能让下属快乐地干?其实就两个方面:一是会用人,知人善任,让大家干得快乐;二是分配公平,论功行赏,对功臣绝不吝惜薪酬和职位。反过来,员工为什么会跟领导对着干?自然是因为领导既不会用人也做不到公平分配。正如马云所说,员工离职的原因无非两个:一是干得不快乐,二是钱没给够。

对员工来说如此，对客户来说也是如此。**爆款的产品一定是客户觉得好用的产品，而且价格还便宜，甚至免费。**

总之，无论从精神层面，还是物质层面，好的领导都能让员工或客户得到极大满足。

4. 战略勤奋的领导才是好领导

领导不干，并不是真的什么都不干，而是领导与下属有明确分工。

《人物志·材能》中论述说："故臣以自任为能，君以用人为能。臣以能言为能，君以能听为能。臣以能行为能，君以能赏罚为能。所能不同，故能君众材也。"《通鉴纪事本末》中记载："上尝从容与信言诸将能将兵多少。上问曰：'如我能将几何？'信曰：'陛下不过能将十万。'上曰：'于君何如？'曰：'臣多多益善耳。'上笑曰：'多多益善，何为为我禽？'信曰：'陛下不能将兵，而善将将，此乃信之所以为陛下禽也。且陛下，所谓天授，非人力也。'"按照韩信的解释，他自己擅长将兵，而刘邦擅长将将，不同的管理层级都要面对用人的问题，只是所面对的对象层次高下不同、分工不同而已。

优秀的领导只干只有领导能干、必须领导干的事。什么事必须领导干？一是想战略、找资源、搭平台，也就是创造机会；二是找人、用人、育人、赏罚，也就是分配机会。

孙子说，上兵伐谋，其次伐交，领导要做的最重要的工作就是伐谋伐交，就是想战略、找人、找资源。任正非说："砍掉高层的手脚、中层的屁股、基层的脑袋！"可见，对领导来说，战略上的勤奋是第一要务。

但伐谋是需要深度思考的，而且从进化、基因的层面来看，深度思考是反人性的，多数人为了逃避真正的思考可以做任何事情。

心理学家、诺贝尔奖获得者丹尼尔·卡尼曼教授在其著作《思考，快与慢》中对此有过精妙描述。

他认为：我们的大脑有快与慢两种作决定的方式。常用的无意识的"系统一"依赖情感、记忆和经验，会迅速作出判断，该系统见闻广博、反应快速，但很容易上当。有意识的"系统二"通过调动注意力来分析和解决问题，并作出决定，该系统反应比较慢，不容易出错。但我们的大脑却很懒惰，经常走捷径，即采纳"系统一"的直觉型判断结果。

在很长一段时间内，这种处理方式（面对变化缓慢的环境，基因采纳"系统一"的直觉型判断结果）不存在任何问题。一方面，它做出了一个大概率靠谱的决定来应对环境的缓慢变化；另一方面，懒惰地走捷径也让基因节约了能量，这对于远古时期食物获取成本极高的人类而言意义非凡。

所以，当我们谈到克服"思维懒惰"，或者在进行"深度思考"的时候，我们实际上是在向基因施压，让其减少对于"条件反射"这种"救命神器"的能量分配，转而向"深度思考"这种"奢侈品"倾斜。这对基因而言，无异于降低了其携带者的生存概率。

但是作为将领，作为创业者，作为组织的领袖，在纷繁复杂、瞬息万变、尔虞我诈的战场和商场，没有深度思考就如同盲人瞎马，掉入陷阱或者坠落悬崖是早晚之事。

领导者如何才算战略上勤奋？《怎样当好一名师长》一文非常值得借鉴。文章阐述了九条内容，条条直达要害。但估计很少有人能按这九条来落实，原因是太耗心力——至少有四条需要投入大量的精力来"深度思考"。比如第一条提出要勤快，指出：不勤快的人办不好事情，不能当好军事指挥员；应该自己干的事情一定要亲自过目，亲自动手，比如，应该上去看的山头就要爬上去看，应该了解的情况就要及时了解，应该检查的问题就要严格检查。这一条重点强调的是思维上的勤快，也着重指出应该自己干的必须亲自干。第三条提出要调查研究，指出：对于敌情、地形、部队的情况和社会情况，要经常做到心中有数，要天天摸，天天琢磨，不能间断。第四条提出要有一个活地图，指出：指挥员和参谋必须熟悉地图，要经常读地图，熟读地图可以让人产生见解，产生智慧，产生办法，产生信心。第五条提出要把各方面的问题都想够、想透。这一条非常经典，原文为：

> 每一次战役、战斗的组织，要让大家提出各种可能出现的问题，要让大家来找答案，而且要从最坏的、最严重的情况出发来找答案。问题回答完了，战役、战斗的组织才算完成。这样，打起仗来才不会犯大错误，万一犯了错误，也比较容易纠正。

没有得到答案的问题，不能因为想了很久想不出来就把它丢开，然后留下一个疙瘩。如果这样，是很危险的，因为在紧要关头，这个疙瘩很可能会冒出来，就会使你心中无数，措手不及。当然，在战争环境中，要考虑的问题很多，不可能一次都提完，也不可能一次都回答完，整个战役、战斗的过程，就是不断提出问题和不断回答问题的过程。

有时脑子很疲劳，有的问题可能立即回答不了。这时，除了好好地和别人商量以外，就好好地睡一觉，睡好了，睡醒了，头脑清醒了，再躺在床上好好想一想，就可能开窍了，想通了，问题也就回答了，解决了。

总之，对每一个问题不能含糊了事。问题回答完了，战役、战斗的组织才算完成。

5. 向唐太宗学习用人的哲学与艺术

（1）用人如器。

公元 626 年唐太宗登基，所接手的是一个"率土之众，百不存一；干戈未静，桑农咸废；凋弊之后，饥寒重切"（《全唐文》卷二）的国家，是一个历经隋末唐初频频战乱摧残之后百废待兴的国家。然则经过短短二十年的励精图治，唐朝就崛起成为世界历史长河中的一颗璀璨明星，成为以贞观之治彪炳千秋的赫赫盛世。其成功背后的决定因素是人才，是唐太宗超凡卓绝的用人哲学与艺术。

早在唐高祖李渊武德年间，李世民麾下就可谓人才济济。到了贞观时期，就更是盛况空前。初唐四杰的卢照邻这样描述当时的盛况："虞（世南）、李（百药）、岑（文本）、许（敬宗）之俦以文章进，王（珪）、魏（徵）、来（济）、褚（遂良）之辈以材术显，咸能起自布衣，蔚为卿相，雍容侍从，朝夕献纳。我之得人，于斯为盛。"（《全唐文》卷一百六十六）。贞观年间的人才精英不仅在当时是最优秀的，而且跟其他朝代比起来也是有过之而无不及的。正如王夫之所点评："唐多能臣，前有汉，后有宋，皆所不逮"（《读通鉴论》卷二十）。

那么唐太宗究竟是如何做到这一点的？

贞观元年，李世民执政伊始就命当时的右仆射（宰相）封德彝向朝廷推荐人才，可是几个月都没动静，李世民很不高兴，就诘问封德彝。封德彝说："不是臣不尽心，而是当今天下确实没什么人才啊。"封德彝的这番话顿时遭到了李世民的斥责："君子用人如器，各取所长。古之致治者，岂借才于异代乎？正患己不能知，安可诬一世之人！"（《资治通鉴》卷第一百九二）。

李世民认为"君子用人如器，各取所长"，"人才有长短，不必兼通"，所以用人的关键是要"舍短取长，然后为美"（《全唐文》卷十）。这些就是李世民用人哲学的精髓。在真正高明的管理者眼中，人人都是人才。尺有所短，寸有所长，而且组织中不同的岗位对人才的要求又是各种各样的，甚至是截然相反的。比如，研发部门需要的是蔑视权威、打破传统、敢于犯错、勇于试错的人才，而审计财务部门需要的则是谨小慎微、循规蹈矩、照章办事、照本宣科的人才。管理者就是要善于发现每个人的长处，然后把他们放到最适合的位置上，让每个人的才能与职务相匹配，这样人人都能成为人才。然而如果不了解每个人的特点，让本该搞研发的人去做审计财务工作，让本该做审计财务工作的人去搞研发，这样几乎没有人能成为人才。对于真正卓越的领袖来说，世上没有无用之人，只有被用错了的人才。

历史上最著名的两个被用错的人才，一个是纸上谈兵的赵括，另一个是被诸葛亮挥泪斩首的马谡。其实无论是赵括还是马谡，他们都是非常优秀的参谋，他们都

以博览群书、见识非凡见长，但都缺乏真正的军旅历
练，性格上也都刚愎自用、恃才傲物，既不能充分听取
他人的意见，也很难与将士们打成一片，所以并不是合
格的统帅人选。这两次用人不当的后果是极其严重的，
既断送了两个人才，也断送了两个国家的国运。

所以知人尤其重要！用人而不知人，就好比盲人瞎
马、夜半临池，可能随时会有危险。但知人又谈何容
易。魏徵就说："知人之事，自古为难。"（《贞观政要》
卷三）李世民这样的用人高手也感叹："用人之道，尤
为未易。"（《全唐文》）这就需要领导者将知人作为第
一要务、第一本领，在领导管理实践中去努力锤炼，同
时要多方听取他人对人才的评判，并将其作为自己评判
人才的佐证和参考。

唐太宗"用人如器"的管理思想，在其晚年的著作
《帝范》中有非常精辟的论述。他在卷二《审官》中说：
"故明主之任人，如巧匠之制木，直者以为辕，曲者以
为轮，长者以为栋梁，短者以为栱角，无曲直长短，各
有所施。明主之任人亦犹如是也，智者取其谋，愚者
取其力，勇者取其威，怯者取其慎，无智勇怯，兼而用
之。故良匠无弃材，明君无弃士。不以一恶忘其善；勿
以小瑕掩其功，割政分机，尽其所有。然则函牛之鼎，
不可处以烹鸡；捕鼠之狸，不可使之搏兽；一钧之器，

不能容以江汉之流；百石之车，不可满以斗筲之粟。何则？大非小之量，轻非重之宜。今人智有长短，能有巨细，或充百而尚少，或统一而已多。有轻才者不可委以重任，有劣智者不可责以大功。君择臣而授官，臣量己而受职，则委任责成，不劳而化，此设官之当也。斯二者治乱之源也。立国制人，资股肱以合德；宣风导俗，俟明贤而寄心。是以列宿腾天，助阴光之夕照；百川决地，添溟渤之深源。以海月之深朗，犹假物而为大，况君人御下，统极理时，独运方寸之心，以括九区之内，不资众力，何以成功！必须明职审贤，择才分禄。得其人则风行化洽，失其用则亏教伤民。《书》曰：'则哲惟难。'良可慎也。"

翻译成白话文为：

> 所以，明智的君主任人选官，就好像能工巧匠选用木料一样，直的就让它做车辕，曲的就让它做车轮；长的就用它做栋梁，短的就用它做拱角。总之，不管是曲的还是直的，是长的还是短的，都能派上用场。
>
> 圣明的君主选用人才，和能工巧匠选用木料是一个道理。如果是有智慧的人，就用他的谋略；如果是比较愚笨的人，就使用他的蛮力；如果是勇敢的人，就使用他的威武；如果是胆小的人，就使用

他的谨慎；如果是既不算太聪明也不算太笨、既不很勇敢也不特别胆小的人，就用他综合起来的能力和特点。

所以，对于一个良好的工匠来说，没有没用的材料；对于一个圣明的君主来说，没有没用的人。对于一个人，不能因为他做了一件坏事，就忘掉他做过的所有的好事。使用一个人才，也不能因为他有一点小的过错，就抹杀掉他所有的功绩。对于国家来说，应该根据不同的政务，分设不同的职能部门来管理。这样就可以人尽其用，而不是对人才求全责备。

不过，用人一定要量才而用。能容纳一头牛的大鼎，就不适合用来煮鸡，这说的是"大不可小用"的道理；狸猫只能捕鼠，不可以让它去与猛兽搏斗，这说的是"小不可大用"的道理；只能放三十斤东西的容器，不能让它去容纳长江和汉水（也称"汉江"，为长江的支流，发源地为陕西宁强县），这说的是"轻不可重用"的道理；能装几百石粮食的车，如果只放几斗或几升谷粟，那么就不能装满，这说的是"重不可轻用"的道理。这么说来，大的东西和小的东西容量不一样，将轻的东西当重的东西用，就会不适宜。

人与人的智慧和能力是有区别的，有的人智慧多、能力大，有的人智慧少、能力小。对于才能小的人，不能让他担当重任；对于能力不大的人，不能给他大的职务。

君主如果委任合适的官员，那么他就可以高枕无忧，不用过多操劳就可以把国家治理好。如果是这样，那说明通过设官分职的方式来任用人员是比较允当的。国家的治与乱，都在于得人和失人。用人得当还是失当，这是国家治或乱的根本原因。

在一个国家中要治理万民，就要依靠忠良之臣共同的德行；要宣播仁风、化导美俗，就要依靠明哲贤能的人。

星星虽然很小，但它们列布于天空，也可以给晚上的月照增加光芒；地上的小小河流，水虽然很少，但也可以给大海增添一点水。大海那么深广，月亮那么明朗，仍然需要借助其他的东西来壮大自己。作为国君，居上临下，总统三极，循理四时，以自己的方寸之心，来料理整个天下的事务，如果不去借助众人的智慧和力量，又怎么能够成功呢？

所以必须明辨职位大小，审识贤俊可否，选择才能短长，分颁他们的爵禄。如果用人得当，就会仁风流行，教化得施；如果用人不得当，就会教化不行，有伤人伦。因此说，知人善任非常重要，就连尧帝也感觉到知人很难，所以一定要慎重对待啊！

（2）唯才是举。

除了用人如器的人才观，李世民在人才选拔上所奉行的哲学就是不拘一格，唯才是举。他在选拔人才时，从来不论门第、新故、华夷、士庶，只看品行才学是否出众，有没有一技之长。正如他在《帝范》中所说："博访英才，搜扬仄陋。不以卑而不用，不以辱而不尊"。

在"门第"方面，无论是出身高门世族，如长孙无忌、高士廉、杜如晦等，还是出自寒门庶族，如张亮等，李世民都一视同仁。武德年间，高祖李渊偏重于任用关陇集团的后人，而到了贞观时期，山东（崤山以东）士族也大量进入政治高层。

在"新故"方面，魏徵、王珪、韦挺等原来虽是太子党，但后来却成为他的股肱重臣；而那些才学能力有限的秦王府故旧，反而没有得到重用。这些才学能力有限的秦王府故旧通过房玄龄向李世民抱怨，得到的答复非常明确："朕以天下为家，不能私于一物，惟有才行是任，岂以新旧为差！"（《贞观政要》卷五）

在对待异族方面，李世民也根本没有"华夷之辨"的狭隘观念，而是以"天下一家，不贱夷狄"的恢宏胸襟，将唯才是举一以贯之，擢用了一批勇猛善战的异族将领。例如，"以智勇闻"的突厥王子阿史那·社尔，归附唐朝后被封为左骑卫大将军并成为驸马，之后在攻灭高昌，以及对抗高丽、薛延陀、西域的战争中屡立功勋。再如，突厥酋长执失思力、铁勒族酋长契苾何力等人，也都先后被委以重任并为大唐王朝的开疆拓土立下赫赫战功。

而在破格提拔民间人才方面，最典型的例子当属对马周的擢用。有一次唐太宗命百官上疏直言朝政得失。玄武门功臣常何的门客马周代写的奏疏得到了唐太宗的青睐，得知真相后唐太宗意识到马周是一个难得的人才，当天派出四批使者召马周晋见。待亲自和马周交谈之后，发现马周果然是满腹经纶、见识非凡，于是立即将他从一介平民提拔为朝廷命官，马周从此直接从社会底层进入政治中枢。之后马周也不负唐太宗的厚望，成为享誉后世的贞观名臣，与唐太宗共同演绎了一曲"布衣变卿相"的千古佳话。

（3）充分授权。

知人善任，知人只是前提，善任才是目的。只有做到知人善任，让部属各司其职，管理者才能将自己从具体、琐碎的事务中解放出来，才能高瞻远瞩，以宏大的视角制定整个组织的战略规划，实现整个组织的愿景目标。如北宋的范祖禹所言："君人者，如天运于上，而四时寒暑各司其序，则不劳而万物生矣。"（《唐鉴》卷之三）

所谓善任，其实就是授权的艺术。然而，相当多的管理者并不善于授权。中国古代的帝王，特别是那些对自身的治国能力颇为自负的国君，也就是前文所说的专业能力强的领导，根本不愿授权，也不敢授权。最典型的例子就是明太祖朱元璋，不但促狭猜忌，事必躬亲，甚至将丞相制度都给废除了。

还有隋文帝杨坚，他宁愿累死也不敢轻易放权，被李世民作为反面教材，时时警醒自己不要重蹈覆辙。

李世民曾经问隋朝旧臣萧瑀，隋文帝是一个怎样的君主？萧瑀说："克己复礼，勤劳思政，每天朝会都要开到夕阳西下，凡是五品以上的官员，都要召见赐座，与他们谈论政务，以至于经常忘了吃饭时间。虽然他的品性称不上仁智，但应该算是励精之主。"

李世民听完笑着说："公只知其一，不知其二。隋文帝此人'性至察而心不明'，心暗则不通事理，至察则多疑于物。况且他又是靠欺负孤儿寡母才得天下的，所以总是担心群臣内怀不服，因而不肯信任文武百官，每件事都要亲自决断，虽然殚精竭虑，劳神苦形，却未必凡事都能尽合于理。朝臣既知其意，也就不敢直言进谏，宰相以下，唯有承顺其旨意而已。"

正是对隋文帝的为政缺失有着深刻的认识，所以李世民反其道而行之，采取"广任贤良，高居深视"（《贞观政要》卷一）的管理方式，对部属进行充分有效的授权。

还在武德年间，李世民向素有贤名的景州录事参军张玄素问政。张玄素就建议太宗:"谨择群臣而分任以事,高拱穆清而考其成败以施刑赏,何忧不治!"(《资治通鉴》卷第一百九二)

李世民对张玄素的建议非常认可,并且立即采取行动付诸实施。张玄素提出的"分任以事,高拱穆清",其本质就是一种充分授权。如果每个部属都能在各自的权限范围内发挥主观能动性,积极妥善地履行职责,那么高层管理者自然可以"垂拱而治"了。

而张玄素建议中的"考其成败以施刑赏",实际上就是绩效考核与激励机制。李世民主持制定了对各级官员的"考课之法",形成了"四善"和"二十七最"的考核标准。所谓"四善",是指四种优异的工作表现,即"德义有闻、清慎明著、公平可称、恪勤匪懈"。所谓"二十七最",是指考核百官职守的一系列具体标准,如"决断不滞,与夺合理,为判事之最""部统有方,警守无失,为宿卫之最"等等。

李世民根据这些标准对官员进行年度考核,并将考核成绩分为九等,报至尚书省予以公布。凡位列一至四等的官吏,每进一等增发一季的俸禄;位列五等的俸禄不增不减;位列六等及以下的则每退一等扣发一季俸禄。

这套严格的绩效考核与激励制度,对于贞观年间的清明吏治可以说是功不可没。

"充分授权"与"绩效考核"是权力控制的鸟之双翼、车之双轮，二者缺一不可。假如只有刑赏而无授权，那必然会使部属动辄得咎，手足无措，最终必然导致独裁和专权；假如只有授权而无考核，则必然导致管理者大权旁落，使授权变成了"弃权"。

李世民的管理哲学，无疑是"充分授权"与"绩效考核"的有机结合。在后文我们会讲到，其实质是通过赏罚分明，在组织与组织成员之间建立起了利益趋同机制，从而解决了组织合作中人性自私的天然障碍，其结果就是人人管理自己，领导者无为而治。

从这个意义上说，贞观之治的出现绝非偶然。

6. 创业的关键任务是保住本金

曾经有人问股神巴菲特他的投资秘诀是什么？巴菲特说他有三条投资秘诀，第一是保住本金！第二是保住本金！第三是保住本金！投资如此，创业也是如此，只不过对于创业来说，保住本金的方式就是让企业"活下去"。在残酷的竞争中，首要任务是活下去，活下去才有希望，活下去才有机会。

接下来我们来讨论一个问题，三国归晋，司马懿的核心竞争力是什么？

要单说司马懿的确是智谋超群，但他的对手们却比他还厉害！曹操，军事家、文学家、政治家兼诗人；曹丕，政治家、文学家，与曹操、曹植并称建安三曹；曹叡，史称魏明帝，能诗文，与曹操、曹丕并称魏氏三祖。历史上曹操以多疑著称，一直怀疑司马懿有不臣之心，并告诫曹丕"司马懿非人臣也，必预汝家事"。想必曹操的猜忌又从曹丕传给曹叡，又从曹叡传给曹芳（曹爽），所以司马懿才一直装病装傻，夹着尾巴做人。这仅仅是司马懿在朝野之上的对手，在敌国中还有着一位强劲的对手——诸葛亮。诸葛亮数次与司马懿两军对垒，但司马懿深知自己不是诸葛亮的对手，所以他基本的对策就是高挂免战牌，坚守不出。哪怕要承受诸葛亮及蜀军的嘲笑谩骂甚至被诸葛亮逼迫穿上女人的衣服，哪怕要承受三军将士的轻蔑和愤怒甚至要借用皇帝的威严来压服三军。

司马懿的确深有自知之明，他老谋深算、城府极深，能忍常人所不能忍、能装常人所不能装。但三国归晋最关键的因素，也是司马懿最核心的竞争力，是司马懿能活！

司马懿（179—251）活了73岁，熬死了曹操（66岁）、曹丕（40岁）、曹睿（36岁），终于等来曹芳8岁登基，又忍了10年，熬得曹爽志骄意满，将司马懿视为无物，终于在公元249年（71岁）时等来高平陵之变，一举拿下曹魏军政大权。又熬了2年，平定了司空王凌的反扑，将其同谋者全部诛灭，并借机将魏之王公全部拘捕，消除了后患，为之后司马昭、司马师、司马炎建立西晋铺平了道路。三国中关键人物的寿命如表 2-4 所示。

表 2-4　三国中关键人物的寿命

蜀国		吴国		魏 & 晋	
刘备	63	孙权	71	曹操	66
诸葛亮	54	周瑜	36	曹丕	40
关羽	58	鲁肃	46	曹睿	36
张飞	55	吕蒙	42	司马懿	73

诸葛亮生于公元 181 年，比司马懿还小 2 岁。卒于公元 234 年，比司马懿早死了 18 年。试想一下，如果诸葛亮活到了 73 岁，而司马懿只活了 54 岁，那么一统天下的会不会是蜀国？当然，历史没有假设，所以只能留下诸葛亮"出师未捷身先死，长使英雄泪满襟"的满腔惆怅了。

创业的关键任务是保住本金，那么创业者最大的本金是什么？无疑就是创业者自己的生命和健康。创业要想成功，最重要的任务就是保住这个"本金"。

刘邦说之所以他能得天下，而项羽失去了天下，根本原因是他会用人，赏罚分明，而项羽不会。刘邦的总结很到位，但其实还有一个非常重要的原因刘邦没有说，那就是他保住"本金"或者说逃命的能力和决心要强于项羽很多倍。

《史记》中记载："楚骑追汉王，汉王急，推堕孝惠、鲁元车下，滕公常下收载之。如是者三。曰：'虽急不可以驱，奈何弃之？'于是遂得脱。"

这一段司马迁记载的是公元前 205 年（汉二年）四月，汉军想乘项羽陷入齐地不能自拔之际，一举攻下楚都彭城。而项羽率骑兵迅速回防，与汉军战于睢水，汉军大败。刘邦因兵败不利，乘车马急速逃去。马已跑得十分疲乏，敌人又紧追在后，刘邦特别着急，三次用脚把两个孩子（后来的汉孝惠帝和鲁元公主）踢下车去，想扔掉他们减少马车负荷，让马跑得更快以便逃命，但每次夏侯婴都下车把两个孩子收上来，并劝说刘邦把他们载在车上。刘邦为此气得想要杀死夏侯婴，好在最终他们逃出了险境。

中国有句古话叫虎毒不食子，生死时刻，大多数人的选择都是宁肯舍弃自己的性命，也要保全孩子的性命。在动物世界中，我们也常常看到即使是野兽，为了保护幼崽的安全，也会不顾自己的安危拼死一搏。刘邦的所作所为简直非常人能及。

但是从创业的角度来看，也就是从刘邦集团的整体利益出发来看，刘邦没了，就什么也没了，不光两个孩子的性命难以保全，整个刘邦集团成员的生命和财产也会遭受到沉重的打击。所以说刘邦的命是最大的本金，保住刘邦的命是首要任务，是对事业和整个集团真正负责任的表现。

刘邦的一生中遭遇过无数次的生死时刻，比如荥阳之战、白登之围等，如果不是他善于逃命，懂得保全自己，恐怕根本笑不到最后。刘邦和所有成功的创业者一样，深深明白一个道理：留得青山在，不怕没柴烧。只有活下来才有机会，只要活下来就有机会。

反观项羽，在这方面与刘邦简直是云泥之别。刘邦和项羽交战，可谓屡战屡败，屡败屡逃，屡败屡战，越挫越勇，最后一战成功。项羽基本上是屡战屡胜，最后垓下一败，竟无法承受，斗志全失，借口无颜见江东父老，不肯逃命，自刎乌江。

项羽完全可以横渡乌江回到江东，完全有可能重整旗鼓、东山再起。

项羽诚然是英雄，他宁可选择悲壮地死去，也不愿意一时苟且地活着。这让世人感叹和钦佩："生当作人杰，死亦为鬼雄。至今思项羽，不肯过江东。"

但项羽也是懦夫，面对失败他选择自暴自弃、放弃生命，而不是痛定思痛，在艰苦卓绝中等待转机。从创业的角度看，项羽自刎，首先是对自己的极端不负责任，更是对整个项羽集团，对所有追随他的人的极端不负责任，给了他们最致命的一击，让他们失去了所有的希望。

《孙子兵法》说："敌则能战之，少则能逃之，不若则能避之，故小敌之坚，大敌之擒也。"打得赢就打，打不赢就跑，这是兵家的战略战术，绝不是丢脸的事，绝不能逞强好胜。

投资和创业也要学会逃跑，学会保全公司、保全自己。要做到这点其实很难，所以股市上有句谚语：会买只是徒弟，会卖才是师傅。孙正义对此也有深刻的认识，在他"孙孙兵法"的"顶情略七斗"中，"七"的含义之一，就是当损失超过三成时，必须下定决心壮士断腕，坚决撤退，保住本金。

但凡要成就一番事业，没有足够的时间是不行的。笔者研究了一下中国历朝历代奠基或开国之君的寿命，发现这些人大多数都很长寿。

周文王 97 岁，奠定了周朝近 800 年的江山。秦始皇 49 岁暴亡，结果秦朝二世而亡！秦始皇如果能活到 60 岁，秦朝极有可能不会二世而亡。刘邦 62 岁，西汉东汉加起来共 400 多年江山。曹操 66 岁，曹丕 40 岁，曹叡 36 岁，诸葛亮 54 岁，司马懿 73 岁，结果三国归晋。杨坚 64 岁，文治武功本已为隋朝奠定坚实基础。可惜隋炀帝杨广好大喜功，大兴土木修运河，南征北战三伐高句丽，急于求成，不知保全国力民力，结果二代而亡。李渊 70 岁，唐朝延续了近 300 年。赵匡胤 50 岁，赵光义 58 岁，兄弟一体，宋朝延续了 300 多年。赵匡胤之所以有机会陈桥兵变黄袍加身，根本原因是周世宗柴荣 38 岁病亡，太子 7 岁继位，举国忧虑，赵匡胤掌控军权，在陈桥驿被拥立为帝。成吉思汗 66 岁，元朝延续了近 100 年（从成吉思汗统一漠北算起有 160 多年）。朱元璋 71 岁，明朝延续了近 300 年。努尔哈赤 67 岁，清朝延续了 300 年。

这些奠基或开国之君的寿命普遍在 60 岁以上，不少都达到或接近 70 岁。人生七十古来稀，中国到民国时人均寿命只有 35 岁，在汉代人均寿命只有 22 岁，在古代能活到 50 多已经是长寿之人，能活到 60 多甚至 70 多，好比今天能活到 90 岁、100 岁，绝对是大寿星。

那么，如何养生？如何保持身心健康？

一般认为养生有四个关键要素，第一是积极的心态，第二是适当的运动，第三是充足的睡眠，第四是均衡的营养。人是身心合一的生物，精神的力量十分重要，所以养生最重要的是要有积极、正向的心态。光有精神显然不够，物质还是基础，所以还需要适当的运动、充足的睡眠和均衡的营养。

7. 双拳难敌四手，创业必须有团队

当今时代，社会政治、经济、市场的环境，组织的复杂程度，市场竞争的广度、深度和激烈程度，市场需求和消费者偏好的不确定性和变化速度，技术产品和商业模式的生命周期和迭代速度等因素，对企业领导者的

能力提出了越来越高的要求，团队合作的重要性越来越突显。这一点正如软银创始人孙正义所说："一个人什么也做不了！创业者自己必须有大将之才具。在此基础上，至少还要有 10 个支持自己的良将。没有志同道合的良将是不行的。"

无论是领导一支军队，还是领导一家企业，都需要全方位的才能，而大多数人才往往只是在某个方面或者在两三个方面才能杰出，所以团队的构建必须遵循差异化、互补与完整的原则；团队的选拔遵循德才兼备、量才而用、人尽其才的原则；团队的激励遵循利益趋同、权责匹配、精准激励的原则，这样才能构建一个完备的创业团队小生态。

创业团队同质化严重是众多创业者面临的一个严重问题。许多创业团队是同事、同乡、同学，这样的团队虽然会因紧密的社群或者地缘关系相互产生良好的信任，但仍需注意团队组成的差异化和分工协作。

中国历史上最成功的创业团队之一，是刘邦、张良、萧何、韩信组成的团队。刘邦是知人善用的团队领袖（整体发展），张良是运筹帷幄、决胜千里的战略大师（定位与方向），萧何是镇国家、抚百姓、给馈饷不绝粮道的管理和运营大师（内部发展），韩信是战必胜、攻必取的营销和资源整合大师（外部发展）。这个基本架构可供创业者参考，当然，创业者还需要根据团队的具体情况以及所从事的行业、所处的发展阶段及实力进行相应调整。

雷军在成立小米公司之初非常明确"要找一群相当靠谱的人"。于是他拉了一个名单，打了近百通电话。找人确实是天底下最难的事情，但为什么别人能找到合适的合伙人？因为那些抱怨的人在找人才上花的时间不够。在创办四年之后，小米已经成为徐小平口中"人类历史上达到百亿美元销售、百亿美元估值目标的公司中发展最快的公司"。但在这种前提下，雷军和小米依旧花费巨大的精力继续寻找人才，因为要找到最专业、最合适的合伙人，必须花费精力和时间。

创业者在组建团队的时候，经常面临的一个问题是对合伙人"德"与"才"的选择。在"德才"无法兼顾的情况下，"德"和"才"哪个更重要？对于这个问题，不同的人给出的答案也不尽相同，但也各有道理，可谓仁者见仁，智者见智。比如清华大学朱武祥教授认为："大家都希望德才兼备，但人无完人，还是应该在理性的边界制定规则。首先，早期创业者应抱有简单基本的价值观，如诚实与信用，企业经营的过程中，始终确保愿景与目标的一致性；其次，先拟好具有法律效力的商业解决方案，根据合理的分享规则，提前制订退出机制。如果德才非要取舍，那我选可以解决问题的人，也就是'才'。"而 Speedy Cloud（迅达云）创始人、

CEO 于浩认为德行也同样重要。企业在成长，人也在成长。即使一个人现在没有才能，将来不一定没有，很可能是原来的他没有找到合适的舞台。创业团队第一看重的是心齐，或者说相同的价值观。如果一个人有才无德，于浩的建议是可以合作但不可涉及自己公司的核心领域。

创业是一个复杂系统，是一个长期且复杂的过程。创业要经历各种坎坷、各种磨难，因此从长远发展来看，创业团队需具有共同的价值观，同心同德远比暂时不能解决某个问题重要得多，也就是说，"德"是重于"才"的。

因此，对于合伙人和团队其他成员的选拔，可以遵循以下的原则：即德才兼备，破格重用；有德无才，培养使用；有才无德，限制使用；无德无才，绝不使用。

8. 延伸阅读：真格基金的投资哲学

2020 年底，完美日记、优客工场、一起教育科技接连在美国上市。真格基金合伙人王强也很忙，作为这些上市企业的早期投资人，半个多月的时间，王强接连参加了 3 场上市活动。

王强对雷帝触网创始人雷建平说："从来没有这么密集地敲过钟。我以为新东方之后就没有机会来资本市场敲钟了，没想到现在真格到了频繁的敲钟期。出席

IPO 仪式我不是觉得自己有多牛，只是觉得每敲一次钟就证明了真格团队当时的判断是多么准确。"

作为中国知名的天使投资机构，真格基金一路走下来也有十几个年头了。

王强说，真格基金从诞生之日起就确立了投人的哲学，即坚信投资要投优秀的人和团队。所谓商业模式或者赛道热不热，其他基金争不争抢或者看不看好并不重要，对真格基金来说，最重要的是要在早期阶段，准确判断出创业者的"深浅"。

王强表示，真格基金的初心是为打造中国新的商业文明贡献所能贡献的力量。

以下是 2020 年 12 月雷帝触网专访真格基金合伙人王强实录。

雷建平：真格基金最近上市项目很多，包括完美日记、优客工场、一起教育科技，真格基金都是很早就对这些企业进行投资了，真格基金是如何做到这么早发现优秀项目的？

王强：真格基金最初是以一个"老师"的心态而不是一个纯资本"投资人"的心态创建的。

虽然在此之前我和小平没有系统地在投资领域训练过，但作为老师出身的我们，最擅长的是观察学生，从观察中看到他们内在细微的东西。我们在新东方10年，也是天天跟全中国优秀的学生们打交道。

再往前推，我在北大当了6年老师，小平也在北大待过五六年，我们天天跟年轻人打交道，一路下来我们跟年轻人打交道打了将近40年，到了真格基金其实并没有发生什么本质性的变化。

跟年轻人长期打交道的结果就是，我们能够敏锐洞察他们的"内在"，而这"内在"远远胜过所谓"外在"的一切"包装"。他们带着创业的困惑来了，我们替他们答疑解惑；他们带着靠谱的梦想来了，我们用资金助他们启动梦想。

真格在过去9年的历程中，就是专注地围绕着人来投资，所以真格内部称之为"投人哲学"，非常坚定地投优秀的人，因为任何最早期的项目，其数据只能是推演，没有办法实际参照。这时对于人的把握就变得极为重要，甚至是首要。小平早年说过一句"名言"："梦想是不能审计的。"以真格CEO安娜投资完美日记这个案子为例，这个案子把我们的"投人哲学"展示得淋漓尽致。

雷建平：真格基金是如何发现完美日记和优客工场的？

王强：真格基金是2016年投的完美日记，但我们在2012年就认识了创始人黄锦峰。2016年投完以后，真格又跟进了一轮融资。

黄锦峰最初融资的时候很困难，大概见了60多家基金，没有一家觉得他值得投，很可能别的投资公司都忘了他这样一个人，眼里看到的只是彩妆究竟值不值得做，看到的全都是事儿。而我们看到的不只是彩妆，还看到了黄锦峰这个人，并且我们觉得他无论做什么都能做出彩来。正因为如此，我们不仅坚定地投了第一轮，在第二轮中我们也领投，甚至在他最艰难的时候向他提供过桥贷款。

毛大庆也是一样。毛大庆在万科本来做得好好的，我们天天谈创业，他当然受到了我们的"鼓动"。优客工场上市那天，毛大庆还说就是在徐小平老师家过感恩节的那个晚上，他一腔热血决定创业，决心打造一个不一样的共享空间。我们太熟悉大庆这个人，做共享空间对我们而言，谁能做得比他更好呢？对于人的信任而不是对于空间的信任让我们开出了他出发时的第一张支票。

我们对一起教育科技CEO刘畅的信任，对他能力的认可和领导力的预判也是同样的道理，因为在新东方的时候，我分管过刘畅。

我去年带了一些人到海淀留学生创业园去参观。来到大门口，看见大门上贴了一张2019年中国100家AI公司排名表，上面有华为、阿里、腾讯、今日头条、百度等大名鼎鼎的公司。海淀留学生创业园赵主任当着30多人的面突然在门口"点将"，他说王老师，你们真格基金在这里面投到多少？

这可是"突袭考试"啊。我当时快急出汗了，万一没投到呢？无法怯场了，我只说好，我虽然不在真格投资团队里直接负责投资项目，但照我知道的公司名字，我数数看。数了两遍后，我告诉他真格投到了里面的10家，占比10%。要知道，投资这些公司的时候真格并没有专投所谓AI赛道的"布局"。

我们投的就是人，按照这种投人逻辑，在天使投资阶段我们投到了格灵深瞳、地平线、依图科技等。

我们专注于人，早期准确判断这个人的"深浅"，是公司最后能否跑出来的最关键的一个因素。对于早期商业模式好不好或者赛道热不热，其他机构看不看好，对我们来说并不重要。

前几天我看到一个数据，说今年中国（在）新消费（领域有）100家（创业公司），看了一下，真格投到18家，其中前10名中我们投了4家。这是偶然的吗？我觉得不是，更不是侥幸。这是我们早期判断人的"投人哲学"的践行成果。

这些年来，我们在内部不断培养所有的同事，把判断人的着眼点放大，千万不要把人优秀的独特性淹没在所谓关于市场和未来商业的可能性、流行趋势的"意见"漩涡中。因为其他东西都会改变，但一个人真正的能力是不会改变的。如果需要转型，他会转型；如果要发现新的市场机遇，他会发现。这"转型"与"发现"不是要我们来操心的，也操心不了。我们只需要保证在最早的时候对他这样一个人作出清晰而果断的判断。

雷建平：怎么看待外界称呼您和徐老师是老师？

王强：即便在投资界，大家都管我们叫徐老师、王老师，这个还真是一个名副其实的称呼。其实，我们骨子里就是老师。

老师的特点就在于，我们看到一个青年人带着梦想来了，经过交流，或者经过我们部分资金上的支持之后，他真做出了他梦想中的东西，我们的兴奋感和幸福感是超越一切的，是远远超出金钱回报的。

这是一个衡量老师和非老师的标准。从这点来说，我们不是纯粹的投资人。

真格基金成立快10年了，我们俩坐在办公室，天天谈的不是真格基金要赚多少钱，而是我们又投到了多么优秀的人，而这个优秀的人做出来的公司多么有效地改变了某些领域无效的东西，或者颠覆了哪些领域传统的玩法。这才是我们乐在其中的地方。

当年做新东方十年，上市也只是副产品。我们那时也没想说回来要做个新东方将来为了IPO。当然，那个时候也早，不像现在的双创，IPO好像成了标配。

作为天使投资者，我们投的还是年轻人。就跟当年选择刘畅执掌一起教育科技的团队一样。我们知道进校是一件非常艰难的事情，没有背景，没有任何其他资源，就全靠推开一个一个学校的大门来打通客户渠道。

很多难以想象的累活是没人愿意做的。大家现在习惯了互联网思维，动不动来一个病毒式传播，总想着用小成本撬动大板块。在许多人的眼里只有"捷径"，而一起教育科技却选择了最难走的那条路。

这个赛道里赚快钱的"捷径"还是有不少的，并不一定非要坚守这样的模式，但我们坚守下来了，我们身上做老师的基因可能扮演着重要的角色。

再有，作为老师，相较于一般的投资者，我们（的心态）更加淡定吧，因为我们追求的目标不是短期的，而是长期的。

雷建平：您和徐老师当老师的经历，是不是也影响了真格基金的投资风格？

王强：从这个角度说，我和小平作为老师的基因远远盖过我们作为投资人的基因。而且,这不仅仅体现在一起教育科技的个案里,还极大地影响了真格基金的整体调性。

真格基金和其他基金有什么关键不同的地方?我觉得我们"老师"的色彩非常浓厚。因为就像老师对学生,我们对创业者是真心地相信,甚至是盲信,我们认为创业者的成功才是我们的成功。我们只相信一个人创造力的边界,而不相信任何其他人为的东西。

明年真格基金将迈入第十个年头,等待着我们的将会有近二十个IPO。这是判断与定力的成果,是相信创业者梦想与创造力的成果,是真格团队近十年刻苦专注的成果。

有些资本见到PE回报好就涌向PE,见到天使的回报高就转向天使,而真格基金从九年前出发的时刻起就笃定聚焦在创业链条的初始阶段,专注于发现、判断创造力的种子和幼苗,在耐心与耐力的加持下见证它们成长为参天乔木。这既是我们的责任,也是我们存在的意义。

雷建平:您怎么看待和徐老师搭档这么多年?

王强:我自己认为我们俩可能会是天底下最令人难忘的或者最令人回味的搭档了,因为从1983年我们在北大相识起就一直是工作搭档,一直是事业伙伴，一直是梦想合伙人，而不仅仅是同事和朋友。1983年到现在一晃快40年了。

我还不知道我什么时候从真格退休，小平什么时候从真格退休，但当我们有一天从真格退休之时，我敢说我们俩将会是世界上共事最久的合伙人，这将是多么难得的梦幻般的甜蜜人生啊。

我和小平是"真兄弟"，性格极其互补，但敢于坦诚面对彼此"无情地开炮"，而更为关键的是，我们的价值观包括金钱观高度一致，都对人类和文明的发展抱有乐观的情怀，都热爱美丽的梦想和人生，都痴迷于对年轻人创造力的发现。这使我们不仅享受着友情的扶持，也享受着人生中不断精进探索、不断成就彼此的"大满足感"。

我很难想象，离开小平我再去和别的人一起做什么事，虽然我自己当然做得来，但那意义就不大了。小平离开我，恐怕也会像一枚硬币忽然缺了另一面一样而感到极大的失落，虽然我从未问过他。我想我们会互相激励，一直前行，在醇厚的友情与职业的理性中走向生命的未来，因为真格基金就是我们人生中要成就的"一件大事"。

这件"大事"就是我们9年前出发时共同的向往——伴随着我们投到的年轻优秀企业家越来越多，伴随着他们对社会、对未来产生的改变力量越来越积极，他们将会在世界舞台上展示中国新商业文明的勃勃生机与令世人尊重的引领性创造。

雷建平：您觉得真格基金现在属于什么样的状态？

王强：前几天我在内部分享的时候说，从真格基金投资哲学的成熟到践行的专注，从合伙人团队的高效到投资团队的水准、支持团队的职业性和专业性，现在进入了真格 10 年的"黄金时段"。

这个"黄金时段"意味着：真格现在挑起大梁的第一线投资人都是我们自己培养并为之感到骄傲的投资人，他/她们能力优秀，价值观与团队协作精神高度一致，在 CEO 安娜卓有成效的领导和管理下，作为整体的真格"系统"日趋完善，并呈现出强大的效率和优异的行业竞争能力。经过近 10 年努力，扎实的阶段性成绩令我们更加信心百倍，对未来更加充满希望。

9. 延伸阅读：创业者如何正确地偷懒

作为中国著名的连续创业者，盛大联合创始人、WiFi 万能钥匙创始人兼 CEO 陈大年 2016 年年底在哈佛论坛的演讲中，表达了对拼命求快的创业方式的反对。以下内容根据陈大年哈佛演讲实录整理，略有修改，值得每一位创业者深思借鉴。

（1）拼命创业逻辑是对的？

从拼命创业，到"be lazy, be success"，是我在16年的创业过程中最大的转变。熟悉我的人都知道，在盛大创业时我的状态和现在的状态是完全不同的。

"be lazy"是一种什么样的状态？连尚网络是我在2013年9月成立的，到今天接近三年半。在这三年半里，我每天的工作时间差不多是六小时——每天早上十点半到公司，中午会有两小时的吃饭和健身时间，到晚上六点雷打不动回家，礼拜六礼拜天绝对不干活。

那么拼命又是什么状态呢？十多年前，我和（黄）晶生（著名投资人，哈佛中心负责人）刚认识，盛大也刚起步，那个时候我们平均每天的工作时间接近15小时，而一年大概只休息七天。我们从小到大接受的教育，是传统的成功学教育。比如说大家耳熟能详的"勤劳致富""我成功的原因是把别人喝咖啡的时间拿来学习"，还有"领导必须身先士卒"对不对？成功学教育里不乏这样的故事。所以我们也一直是以这样的心态在工作。

后来，公司就成功了。

大家知道，盛大这家公司对中国互联网发展起到了一些积极的作用。因为它曾是中国最赚钱的互联网公司，曾是中国用户量最大的互联网公司。而盛大对中国互联网产业最大的意义其实是在2000年左右，互联网的泡沫第一次破碎时，盛大重建了资本对中国互联网产业的信心。当时的资本相信眼球经济，但投了好多年还是看不到盈利希望，而美国的网络公司已经靠卖广告活得很好了。在这个时候，盛大出来了。我们做了一个网络游戏（盛大在2000年推出MMORPG游戏《热血传奇》），我们把市场打开了，开始赚钱了，并且赚了很多。然后投资商说："原来中国是能赚到钱的！只是中国赚钱的方法和美国不一样。"

这件事情给我们以及整个行业很大的暗示，即"创业要拼命"的逻辑是对的。还使我们产生了一种恐慌，觉得不努力，错过了一个机会，也许就会满盘皆输。所以我们继续这么拼命，但后来事情就开始变化了。

（2）躺在地上等救护车。

大概在2006年的时候，我们两兄弟去医院的次数变得越来越多。

在座的各位应该很少有人知道，有一种很极端的病理反应是"濒死体验"。我第一次经历的时候，是在浦东的一座立交桥下面。我躺在地上，仰面望着天，等着救护车。那时已是晚上十点了，当时我的内心已经确信几分钟后我就会死去，立交桥上的路灯就这么清冷地照着。那次身体垮掉之后，休养到今天我也无法承受正常的工作强度。

我心想，这个事情不科学啊！因为我从小看的电视剧都是这样讲的，当一个人创业成功了，他就可以过上每天喝个小酒、开开车、下下棋的生活。为什么到我头上，就需要每天这么拼命，最后都把自己拼到医院里去了呢？

（3）"拼命创业"是个伪命题。

所以，我开始反思创业需要拼命才能成功这件事情，反思它到底对不对。我想了很久，也读了很多书。最后我发现，"拼命创业"是个伪命题，拼命对创业其实没什么帮助。

大部分人都认为，和先行者竞争，最重要的一条法则是要比他们拼命。我也做投资，一般创业者在跟我讲商业计划书的时候都会说："年总您相信我，我一定会每天没日没夜地干活，我一定会对得起您的投资。"其实我觉得这样做没有任何意义。

我们来做个简单的数学题：一个创业公司有50个人就已经算很大了对不对？一个人一天工作8小时算一个"人天"，如果这50个人拼命干活，拼到不睡觉，那么这些人每天总共拥有的工作能力是150人天。那他的竞争对手呢？比如腾讯，2014

年就有 2.5 万人。50 人天与 2.5 万人天之间的竞争，和 150 人天与 2.5 万人天的竞争有什么区别吗？完全没有区别。所以这么一算，你就会发现玩命根本没什么意义。

再往下想，其实事情比你想得更糟。拼命不但没有意义，还有致命的坏处。这并不是特指拼命工作会对身体产生伤害。我不否认，我后来每天工作 6 小时是因为被玩命工作搞坏的身体至今没有恢复，无法承受正常工作上班的负担。但我想说的坏处，更多的是对公司本身的伤害。

创始人为什么更认同拼命创业？是因为拼命创业能够带来肉眼可见的成就感。比如有一个项目，正常需要 10 天完成，老板挽着袖子带领大家拼命干，5 天就做完了，这就特别有成就感。然而，为了这压缩的 5 天，我们放弃了什么？

第一，每个员工的学习时间。若干年之后，你会发现我们的同事，从行业最前沿的人，变成了落伍的人，他们不知道最新的趋势，因为他们没时间学习。

第二，思考时间。为了赶进度，为了适应快节奏，他们渐渐失去了思考的习惯。越做，发现前置考虑的时间越短；越做，停下思考的时间越短。然后失败的概率逐步增加，每一次失败都会引起很多员工士气的低落，整个公司就会变得越来越糟糕。

第三，当公司走得越来越差的时候，可能发生更糟糕的事情。在以前，半夜一点我说要开会了，所有员工立即跟我进会议室开会是经常性的。而在公司变得越来越差的时候，如果遇到了计划外的事件，能怎么办呢？通宵不睡？这个时候，公司就会变得越来越脆弱，可能一两件突发事件就能让公司脱离正轨。

（4）复盘成功企业的路径。

于是我开始复盘成功企业的路径。我发现决定这些公司成就的，往往就是其中的几件事，而其他大部分的工作都是锦上添花。只要做对了这几件事、又不太在意短期利益的话，这些公司一样能够达到今天的成就。

比如说像盛大，盛大运营过的游戏有六七十个，做过的领域也有很多，但对盛大所达到的最高点来说，其实只要做对以下三件事就可以了。

第一件事就是我们做了第一款游戏，叫《热血传奇》，由我们代理。这款游戏运营成功就能达到我们的第一个目标：我们公司活着，我们公司赚钱了，我们有了很多用户。

第二件事是我们推出了游戏《传奇世界》，这个游戏是我们自主研发的。《传奇世界》的成功给我们带来的是什么呢？是盛大再也不会被我们之前代理游戏的那家公司要挟了。我们自己可以开发游戏了，如果他们撤了，我们还能正常运行。原来的时候如果他们说："我不跟你玩了。"我们就没有任何办法，只能跑去和他们商量，要答应很多不应该答应的条件。但是这时候我们就有了底气，自主的技术在自己手里总是硬气的。

第三件事是我们的起点中文网成功了。"起点"成功的意义是我们不仅游戏能做成功，我们还在除游戏外的其他方向和领域，开辟了既能赚钱，又有用户量，同时有对行业产生巨大影响的商业模式。这种情况下，假如有一天所有人都不玩游戏了，那么盛大这家公司还是健康的。

而其他的许多事情，当时看起来很重要，比如说盛大上市，盛大是和 Google 同一年上市的，也是和 Google 同一年成为"全球表现最佳科技股"的。但在今天回头看就会发现这件事情的意义不大。因为被评为"全球表现最佳科技股"对企业没有太多帮助，它最大的作用是让我们很"high"，对不对？

所以从这个角度再回头看，就会发现我们做的事情里，有价值的事情很少。如果不追求短期利益的话，可以把 70%～80% 的工作全部抛掉，那样公司就能够特别从容。

（5）CEO 的三个法宝：授权、激励、耐心等待

今天的这个演讲标题有点"标题党"的意思，事实上，我想分享的是一种从容地管理公司的思路和想法，用这种方法能推动公司从容地获得成功，也能够让生活过得从容一些。

互联网是一个很奇怪的行业，本来应该是个充满朝气的行业，但现实却总是血淋淋的。从我20年前进入这个行业开始，每年都能听到有人因过劳而死，其中不乏企业的创始人或者高管。在这背后，往往是创始人抢走了本应属于员工的活儿，不但累了自己，也拖累了员工。

一个好的企业应该是值得长期投资的企业，短期投资是无法真正获利的，这点巴菲特早就强调过了。为了达到这个目标，我认为唯一的方法，是把员工的工作、责任和权利，都交还给他们。企业的经营本应该是员工的，所以应该把活儿还给员工，让员工去做。而同时，管理者也要帮助他们遏制住锦上添花的欲望，让他们也从容起来。

相对而言，美国互联网公司比中国的互联网公司轻松很多，因为他们的特点就是专注，例如，Facebook 只会做社交，它不会因为做社交成了"老大"就要来做汽车。而中国的公司在一个领域站稳脚跟后，往往还会去做别的领域，对不对？这是一

个常见的状态。但看结果，美国公司做的业务少，却发展得依然很快。中国公司很习惯被诱惑，比如，"哎呀你看腾讯的生意很好，我也去做做，说不定也能赚很多"。所以最后，我发现我们最大的问题就在这里——对自己说"或多或少，总有好处，为什么不做"。把工作还给员工，并且把不必要的事情全部停止，这是我想到的一个做公司的正确方法。

今年我在上海工作的时间加起来大概有两个月，其他时间我都在新加坡。我回上海的时候，我的一个投资人就跑来见我，对我说："年总，我们投了那么多的公司，其他我不敢说，但我敢说，您是我见过的CEO里最懒的一个人。您看，A公司的L总和B公司的J总，每天只睡6个小时，其他时间都在干活。而您，每天只干6个小时，其他时间都在休息。"

很犀利的问题。在我分享我的答案之前，先得跟大家分享一下连尚网络今年的成绩。

我们公司的产品叫做WiFi万能钥匙，注册用户数9个亿，每个月的活跃用户数是5.2亿。也就是说，这是在中国除了微信和QQ以外，活跃用户量最大的产品。同时我们的成长速度也是行业第一的，腾讯在今年8月份发布的报告里说，WiFi万能钥匙的成长速度已经超过了 QQ 和微信，成为中国成长速度第一的产品。另外，就在我来这里的前一天，艾瑞（中国最有名的市场调研公司之一）也刚刚发布了一个报告，该报告显示：在 2016 年中国互联网企业成长指数排行榜中，我们公司的成长指数是 5.3，排名第一，大概比第二名高 10%。

所以我对我的投资人说，当你看到一个企业的老板不上班，但公司却保持了高速增长的时候，其实你不应该焦虑，而应该感到高兴。因为这是一个没有明星企业家的企业，它的成就来自员工的努力，而这种结果是有机制保障的。所以即使有一天，这个公司的老板离开了，公司依然不会受到影响，这不就是一个值得长期投资的企业吗？

我跟他分享了我这些年做 CEO 的工作重心，即主要解决三个问题。

第一个问题是授权问题。要把业务的管理决策权还给员工，唯一的方法是授权。

但一讲授权，不可避免地要考虑员工个人能力不够，职业道德低、贪污等问题。

在这个问题上，我们主要学习华为。华为用集体决策来代替个人决策，所以华为内部建运营管理团队（Executive Management Team，EMT）、技术团队、安全专家团队、投资专家团队，他们构建了一个个委员会性质的机构来做所有的决策。我也跟华为学,我们公司现在也有 EMT,也有技术专家组等,而且这个机制不但放在我们技术的整个高端、高层的管理里面,我还把它沉到了下面,我们的一个事业部里面,照样有它的 EMT 和技术专家委员会。

职业道德方面,华为靠的是审计。我总结成两句话:第一句是"先授权后审计",即先把权力交出去,你先做,但是做完以后一定会有审计,所以千万要自律,否则一定不会有好结果。第二句是"多审计,多授权",即当一个人不断通过审计,证明他有操守,那么可以给他更多的授权,让他做更多的事情。

第二个问题是激励问题。授权解决了员工能不能自主的问题。下一步我们要解决的是员工愿不愿意自主的问题,解决的方法就是激励。

我的经验是"奖得出乎意料,罚得毫不手软"。2014 年,公司业务发展得不错,我给每个人发了一部特斯拉当年终奖。宣布这件事以后,开始的 15 秒没人说话,连点掌声都没有。然后突然,大家反应过来了,说:"是真的吗?"这种质疑一直不断,直到每个人拿到了自己的车钥匙。这种奖励的意义是什么?是让员工明白,公司不会亏待任何一个努力的人。员工也就会加倍热爱这个公司。而同时，不论高低贵贱，罚得毫不手软也是重要的一环，只有这样，才能消灭办公室政治的土壤。

第三个问题是时间问题。连尚毕竟是个非著名互联网企业，能干又有经验的人往往会选择BAT，所以我们的员工虽然基本素质很好，但经验往往不足。因此，当能力（授权）和动力（激励）问题被解决后，剩下的就是要耐心等待，给员工成长的时间，让他们去试错。这就好比你有一颗种子，把它埋在土壤中，接下来最重要的工作就是耐心等待！耐心等待种子发芽、破土而出，从一棵稚嫩的小苗不断茁壮成长，最后开花结果。我最多的工作，是旁观：看到他们做对事的时候不去干涉；更重要的是，只要不对公司造成致命伤害，看到他们做错事的时候也不去干涉。所以每个员工都能得到不断的训练，都能不断地成长，于是一件美好的事情就发生了：当我授权越多，员工能力就越强，公司业务就越好，而我的生活就越轻松。

这是我最深的体会，最后送给大家一句段子手假冒特朗普写的话——余生很长，何必惊慌。我们还有大把的时间去从容，所以我祝愿大家也能够拥有一个从容的生活，和一个从容的公司。肺腑之言，纯属个人经验之谈，如有不当之处，还请多多指正。

仔细品味陈大年的演讲，不难发现所谓正确地偷懒，正是一个领导成长的过程，一个自己拼命干，下属跟着干、没事干甚至对着干的末流领导，反思、成长、进化为一个自己不干、下属快乐地干的一流领导的过程。陈大年的反思和成长来自身体彻底垮掉、差点一命呜呼之后的痛定思痛，正因如此，其反思也极其深刻。对于每一个创业者来说，陈大年的管理经历具有难以替代的警醒价值及借鉴学习价值。

陈大年的演讲，不仅仅是关于领导艺术的探讨，更有切实可行、极具参考、极具借鉴价值的实操方法。

首先是基于二八定律的战略选择，或者说战略放弃。这一点也特别符合《孙子兵法》中"胜于易胜"的核心思想。所谓胜于易胜，最核心的就是以多胜少。对于创业来说就是单点突破，集中全部资源用在最有价值的事情上，放弃那些没有太大价值的事情。对于企业来说是如此，对于领导乃至企业中的每一个员工来说也是如此。所以陈大年反思的结论是：在盛大所开发的60～70款游戏中，对公司成功有决定性价值的只有两款；在公司所做过的那么多项目和事情中，决定公司成败和命运的只有三件事情，前两件事就是两款游戏的成功，第三件事是起点中文网的成功，他认为其他事情甚至包括公司的成功上市其实并没有重要到非做不可的地步；他认为一个创业公司在与拥有数万名员工的大公司竞争时，50个人拼命干出150个人的工作是没有太大意义的；对于领导来说，哪怕其专业能力特别强，如1个人能顶替5个员工，并且拼命去完成5个员工的工作，也是没有意义的，找到最有价值的事情，并将全部力量用在这件事情上，才是问题的关键。无论是对于企业来讲，还是对于领导和员工来讲，都是如此。

陈大年认为，对于领导来说，重要的不是自己多能干，而是能找到、委任并激励尽可能多的人来干，将自己的能力放大千百倍；重要的是找到方法并建立起相关机制来发现人才、任用人才和激励人才。陈大年的演讲无疑为我们提供了可借鉴的具体思路和做法，那就是他所总结的CEO的三大法宝：授权、激励和耐心等待。

我们前面说过，对于一个组织的领导来说，重要的事情是知人善任。知人善任的前提是识人，是能认识到用人如器，是能认识到每个人都有他的长处和短处，如果把人放在适合的位置上发挥其特长，那人人都是人才；反之如果将人放在了并不适合的位置上从事并不擅长的工作，人才的长处就可能被永远埋没，而短处也可能被无限放大，从而导致用人的悲剧，其结果轻者浪费人才，损害事业，重者累死三军，身死国破。历史上这样的悲剧可谓比比皆是。套用孙子的一句话："兵者，国之大事，死生之地，存亡之道，不可不察也。"用人是否得当也是如此。

对于知人善任的人来说，识人只是前提，善任才是目的。善任有两个关键：一个是充分授权，另一个是考核与激励。授权又要解决两个关键问题，一个是员工的个人能力问题，另一个是员工的职业道德问题。为解决这两个问题，陈大年提到他们主要借鉴学习了华为公司的做法：通过 EMT、专家委员会等进行团队决策解决员工个人的能力问题，通过审计解决员工的职业道德问题。

在陈大年的演讲中，除了授权和激励之外，他还提到了知人善任的另一个关键方面，就是要耐心等待，给人才试错、成长的机会和时间。这一点对于创业公司来说尤其重要。因为对已经证明了自己的人才，就好比明星股，创业公司往往没有足够的财力、魅力将其网罗到自己旗下，创业公司能够大量招揽的大都是还没证明过自己的人才，就好比是潜力股。而且除了极少数天才之外，人才的成长需要历练和学习的过程，"玉不琢不成器，人不学不知义"，没有人生而知之，优秀的人才也是在实践中摸爬滚打，不断总结成功的经验，汲取失败的教训而逐步成长起来的。

10. 向传统文化学习识人

《人物志》中说："夫圣贤之所美，莫美乎聪明。聪明之所贵，莫贵乎知人。……圣人兴德，孰不劳聪明于求人，获安逸于任使者哉！"

那么如何做到识人呢？《庄子列御寇》中提出九征之说，即"远使之而观其忠，近使之而观其敬，烦使之而观其能，卒然问焉而观其知，急与之期而观其信，委之以财而观其仁，告之以危而观其节，醉之以酒而观其则，杂之以处而观其色"，从忠诚、敬慎、能力、智识、信誉、廉洁、节操、仪态、人际等九个标准，提出遴选人才的"九征"之法。

"远使之而观其忠"，忠诚，从古至今都是衡量人的品格的因素。在中国古代社会，"忠"指尽忠于自己的上司、君王。庄子的"远使之而观其忠"，是指权力中心有意疏远、冷落考察对象，看他是否依旧忠心耿耿，会不会立马牢骚满腹，由此观察他的忠诚度。

"近使之而观其敬"中的"近使之"与"远使之"相对，庄子还有一个"近使之"的考察策略，即与考察对象近距离接触，与之建立私交，观察他是否还能保持应有的礼仪与尊敬，是否会由"对事负责制"变为"对人负责制"，是否会变得恃宠而骄、得意忘形。

"烦使之而观其能"，意思是给考察对象安排很多有挑战性的工作，看他能否游刃有余，借以观察其工作能力。人是复杂的，又是独特的，能力总会有所偏长。如果要达到"各司其职，各尽其能"的良好工作局面，对人能力的考察不可避免。诸葛亮选定的接班人费祎就是位能人。当时蜀国正值征战多事之秋，公务繁杂琐碎。费祎担任尚书令，见识过人，且有过目不忘之能。他常在早晨和傍晚处理公事，听取大家意见，一天中的中间时间接待宾客，宴饮娱乐，使人人尽兴而公事又井井有条。除了天生异禀，这也是个人修养的结果。佛教上说"定能生慧"，不能"定"，就不可能处理好繁杂的工作，更不能作出高质量的决策。而能不能"定"，主要还是靠个人的后天修养。

"卒然问焉而观其知"，智识是识人的又一重要因素。突然向考察对象提出其职责范围内的问题，看他是否胸怀全局、应付裕如，可以考察其对分管工作的了解程度以及相应的分析、归纳、概括能力。历史上"卒然问焉"，对官员加以突击式考察的事例有很多。公元前179年，汉文帝突然问右丞相周勃："全国一年内判决案件有多少？"周勃谢罪说不知道。文帝又问："一年内全国钱谷收入有多少？"周勃又谢罪说不知道。紧张和惭愧之下，周勃汗流浃背。在自己的职责范围内，每出现一个新情况可以说都是一种"卒问"，只有对所负责的工作有详尽细致的关注了解，才能应对来自各方的"卒问"。明朝大哲学家王阳明说，"知是行之始，行是知之成"（《王阳明全集》新编本卷一）。能做到知行合一，并以"知"来指导"行"，以"行"来验证和修正"知"，是庄子对人才综合素质加以判断的重要依据。

"急与之期而观其信","信",从"人"从"言",词意"诚"也,是中国传统文化中重要的价值观。诚信从来为立政之本。不仅儒家提出"上好信,则民莫敢不用情"(《论语》子路篇第十三),法家对诚信立政的作用也很重视,所谓"小信成则大信立,故明主积于信"(《韩非子》外储说左上),战国时商鞅就强调要以诚信强国利民。唐代《贞观政要》也有类似记载,魏徵曾向唐太宗谏言,"德礼诚信,国之大纲",这对唐前期的治国方略起到了积极影响。对庄子而言,"信"是非常重要的德行。"急与之期而观其信",意即仓促与考察对象约定时间,来观察他的守信程度。古代交通不发达,因此"急与之期",再看他能不能按时赴约,是检测个人信用的一种方法。现代社会是契约社会,"诚信"是人与人之间建立合作关系的基石,而领导者想要"取信于民"就应以身作责做好表率。

"委之以财而观其仁",仁"在此处是廉洁的意思。古语云:公生明,廉生威。廉洁与否还会影响领导者的公信力和威望的高低。对此,庄子的考察是"委之以财而观其仁",即通过安排管理财物的工作来考察其是否廉洁。

"告之以危而观其节",这里的"告之以危",是指将考察对象置于某种危难处境中,以观察其是否能临危不惧、处变不惊、持守节操。戊戌变法失败后,慷慨赴刑的谭嗣同是这么说的:"各国变法,无不因流血而成。今日中国未闻有因变法而流血者,此国之所以不昌也。有之,请自嗣同始。"这里,"节"完全是一种置生死于度外、甘愿为理想而献出生命的高贵情操了。

"醉之以酒而观其则",是指观察考察对象喝醉酒后的行为仪态。《鬼谷子》说"夫情变于内者,形见于外"。一个人内在感情有所变化的时候,会在情貌上有所表现,如舞蹈、或怒或笑等。而庄子以酒醉将人对自身有意无意的伪饰尽数解除,还原其本真状态,从而观察他平时不能显现的真实情志,进而对他的为人、仪表等作出接近本质的判断,可见庄子对人性体察之微。

"杂之以处而观其色","色",本义是脸色。这一方法是让考察对象与各式各样的人相处,通过他的面部表情考察其处理人际关系的能力。

九种情境中的观其表现、察其人品、识其能力,都是在对人性有了深刻认知之后总结出的识人方法,全面且有针对性。

《大戴礼记》记录了文王的"六征"法,即一观诚,二考志,三观中,四观色,五观隐,六揆德。六征的含义:其一,观察验证他是否真诚,其二,考察度量他的心胸志向,其三,观测他的内心,其四,观察他的面色,其五,观察他的隐藏借托情况,其六,考察他的道德。

文王在"六征"法中详细阐述了观人的 11 种情况："富贵者，观其礼施也；贫穷者，观其有德守也；婴宠者，观其不骄奢也；隐约者，观其不慑惧也。其少，观其恭敬好学而能弟也；其壮，观其絜廉务行而胜其私也；其老，观其意宪慎，强其所不足而不踰也。父子之间，观其孝慈也；兄弟之间，观其和友也；君臣之间，观其忠惠也；乡党之间，观其信惮也。"

《吕氏春秋》提出"八观六验"，"八观"即"通则观其所礼，贵则观其所进，富则观其所养，听则观其所行，止则观其所好，习则观其所言，穷则观其所不受，贱则观其所不为"。八观的意思是，当一个人处境顺利时，观察他礼遇的是哪些人；当一个人处于显贵地位时，观察他推荐的是哪些人；当一个人富有时，观察他养的是哪些门客；当一个人听取别人的意见后，观察他采纳的是哪些内容；当一个人无事可做时，观察他有哪些爱好；当一个人处于放松的状态时，观察他讲哪些东西；当一个人贫穷时，观察他不接受什么；当一个人地位卑贱时，观察他不会去做什么事。

"六验"即"喜之以验其守，乐之以验其僻，怒之以验其节，惧之以验其特，哀之以验其人，苦之以验其志"。六验的意思是：使一个人高兴，借此考验他安分守己的能力，看他是否得意忘形；讨好一个人，看他有没有什么癖性；使一个人发怒，考验他自我控制的能力；使一个人恐惧，看他能否坚定立场、凛然有为；使一个人哀伤，考验他的为人；使一个人痛苦，考验他是否有志气。

《人物志》也提出"九征八观"的识人方法。

"九征"即"平陂之质在于神，明暗之实在于精，勇怯之势在于筋，强弱之植在于骨，躁静之决在于气，惨怿之情在于色，衰正之形在于仪，态度之动在于容，缓急之状在于言"。曾国藩在《冰鉴》中将"九征"进一步阐述。一是观神识人：神平则质平，神邪则质邪。二是观精识人：精惠则智明，精浊则智暗。三是观筋识人：筋劲则势勇，筋弱则势怯；势勇行事大胆洒脱，势怯则唯唯诺诺，无甚主见。四是观骨识人：骨刚则质刚，骨柔则质弱；一身骨相，具乎面部。五是观气识人：气盛决于躁，气冲决于静；沉浮静躁，是做大事的必备素质。六是观色识人：诚仁必有温柔之色，诚勇必有矜奋之色，诚智，必有明达之色。色是一个人气质、个性、品格、学识、修养、阅历、生活等因素的综合表现。与肤色无直接联系。仁善厚道之人，有温和柔顺之色，勇敢顽强之人，有激奋亢厉刚毅之色，睿智慧哲之人，有明朗豁达之色。七是观仪识人：心质亮直，其仪劲固，心质休决，其仪进猛，心质平理，其仪安闲。端庄厚重是贵相。高贵环境中的人自有一种逼人的气势和仪态。八是观容识人：直容之动，矫矫行行，勇武刚健；休容之动，业业跄跄，谨慎有节；德容之动，肃敬威严。九是观言识人：心恕则言缓，心褊则言急。语言是思想的表现，是判断一个人性情才能的重要方面。口乃心之门户。

"八观"即"一曰观其夺救，以明间杂；二曰观其感变，以审常度；三曰观其志质，以知其名；四曰观其所由，以辨依似；五曰观其爱敬，以知通塞；六曰观其情机，以辨恕惑；七曰观其所短，以知其长；八曰观其聪明，以知所达"。《人物志》中的"八观"是指，一是观察其夺换补救之法，以察明是否有疏漏与混杂错乱之性情。二是观察其感通应变能力，以审察是否能掌握原则并且还能变通。三是观察其志向材质高低，以了解所传之名声是否与其实情相符。四是观察其为人处世依据，以分辨是否能依据正道。五是观察其爱心敬意之情，以察知是否能够通达情理而没有闭塞。六是观察其情感机敏之心，以辨明是否能够宽容待人而且不受迷惑。七是观察其缺欠不足所在，以知晓其人之所擅长者究竟在于何处。八是观察其所闻所见如何，以明了其人之闻见认识是否能够广博。

《人物志》还指出了识人知人过程中常见的七种谬误："一曰察誉有偏颇之缪（对待社会舆论偏听偏信），二曰接物有爱恶之惑（先入为主有成见），三曰度心有小大之误（不辨"心"与"志"的差别），四曰品质有

早晚之疑（不知成熟有早晚差异），五曰变类有同体之
嫌（轻信同类之间的评价），六曰论材有申压之诡（忽
略贫富背景对声誉的影响），七曰观奇有二尤之失（鉴
定奇人难辨虚实）。

以上各种观人识人之法，原著的内容都非常翔实系
统，限于篇幅，在此难以尽述，感兴趣的读者可寻找原
著深入研习。

11. 为将五危，不可不察

《孙子兵法》说："故将有五危：必死可杀；必生可
虏；忿速可侮；廉洁可辱；爱民可烦。凡此五者，将之
过也，用兵之灾也。覆军杀将，必以五危，不可不察
也。"意思是将领有五种性格缺陷是最危险的：不怕死，
一味死拼，会被敌人所杀；贪生怕死，没有必死之心，
会被俘虏；愤怒急躁，经不起刺激，会中人激怒之计，
愤而出战送死；廉洁，爱惜名誉，受不得污辱，会为了
维护自己的名誉，洗清别人泼在自己身上的脏水而中
计，不顾巨大的风险出战；爱护人民，也会被人利用，
或让其为掩护人民而烦劳，或驱使人民为炮灰，使其
不忍作战，而敌人就藏在人民里面。这五种性格缺陷，
都是将领的过错，用兵的灾害。军队覆灭，将领身死，
都是由于这五种缺陷造成的，不可不警惕！

为将者领军作战有五危，创业者创业同样也有此

五危。

所谓"必死可杀"，是指创业者没有风险意识，没有战略撤退的智慧、决心与勇气。关于这一点，软银创始人孙正义的做法值得借鉴。他说："如果只有50%的成功率就开始去做是愚蠢的做法；如果风险超过三成，就不可以冒险。若是失败了，只要逃得快，就不至于全军覆没。蜥蜴的尾巴割去三成左右还能再长出来，但如果割掉一半，就会因割到肠子而死去。在将军损失30%的部队时，他需要立即撤退，任何其他决定都将是愚蠢的。在形势所迫时，领导者必须作出战略撤退的决策。这是非常困难的一件事，退却所需要的勇气是战斗时的10倍。没有装刹车或者不能倒行的汽车是多么危险！意气用事不肯退却的人是不能当领导的。"

所谓"必生可虏"，是指一味求稳，缺乏拼搏意识，做事追求十足的把握，不敢承担风险，就会错过商机。同样还是以孙正义为例，他说："将战略付诸实行的时机，就是有七成胜算的时候；在胜算只有一半的时候去拼，是傻瓜才做的事，而要等有九成胜算时再行动就太晚了。"

所谓"忿速可侮"，是指脾气急躁易怒，快意恩仇，遇事控制不住自己的情绪，动辄失去理智。小不忍则乱大谋，韩信如果当年不能忍胯下之辱，就只能手刃污辱他的屠夫而杀人偿命，哪还有汉初三杰呢？《孙子兵法》强调"合于利而动,不合于利而止",如果失去理智,变成因怒而动,就犯了兵家大忌,难逃失败的命运。常言道和气生财,生意不成仁义在。创业是非常艰难的过程,不如意之事可能十之八九,各种烦心之事可能接二连三,如果动辄和客户、员工、合作伙伴、政府监管人员恶语相加,又怎么能处理好公司复杂的内部、外部人际关系?又何谈"得人心"?严重的恐怕连自己的身心健康都会受到影响。

所谓"廉洁可辱",是指创业者太爱惜虚名,不能面对现实,太爱惜脸面,放不下身段,总是感觉高人一等,很难与客户、下属打成一片,融为一体。这样的创业者很难有真正的用户思维,很难真正做到用户至上,也很难成为"善处于下"为员工服务的好领导。

所谓"爱民可烦",就是兵法上常讲的慈不掌兵,为将者要做到恩威并施、文武兼备、刚柔并济,即一方面要体恤下情,另一方面也要严格执法。

《孙子兵法》说:"卒未亲附而罚之,则不服,不服则难用。卒已亲附而罚不行,则不可用。故令之以文,齐之以武,是谓必取。"意思是如果在士卒对你还没有亲近依附之前,就用处罚去管理,他们就会不服。不服,就很难使用了。杜牧注解说:"恩信未洽,不可以刑罚齐之。"梅尧臣注解说:"德以至之,恩以亲之,恩德未敷,罚则不服,故怨而难使。"所以为将者一定要先对大家有恩德，之后进行处罚时，大家才会信服。要先让人们敬爱你，人们才会敬畏你。一上来就想让大家都惧怕的人当不了领导。

另一方面，如果士卒对为将者已经亲附，但为将者却不能严格执行纪律，那这队伍还是不能用于作战。曹操注解说："恩信已洽，若无刑罚，则骄惰难用也。"只有慈恩，没有威严，只有爱护，没有惩罚，那么只能是骄兵惰将，没有战斗力。

曹操对"故令之以文，齐之以武"注解说："文，仁也。武，法也。""文"是怀柔政策下的安抚，是胡萝卜；"武"是军纪军法，是大棒。胡萝卜加大棒，是打造"是谓必取"胜利之师的不二法门。所以晏子举荐司马穰苴时说他"文能附众，武能威敌"。吴起说："总文武者，军之将；兼刚柔者，兵之事也。"

《孙子兵法》又说："厚而不能使，爱而不能令，乱而不能治，譬如骄子，不可用也。"对此杜牧进行了注解：黄石公说："士卒可下，而不可骄。"意思是你可以平易近人，礼贤下士，但不可骄纵下层。恩以养士，谦和待人，这叫"可下"；制之以法，这叫"不可骄"。

现代博弈论的研究也表明，为人处世必须有原则，必须是可激怒的，不能做老好人，对于合作和背叛要及时给予赏罚，及时反馈。从生物学上来讲，这是包括人在内的动物的学习机制和行为养成机制。

五、法：正确的方法（Right Way）

《孙子兵法》说："法者，曲制、官道、主用也。"
曹操注解说："曲制者，部曲、幡帜、金鼓之制也；官
者，百官之分也；道者，粮路也；主用者，主军费用
也。""曲制"是组织架构、指挥系统。"官道"是人事
制度。"主用"是物资管理和财务制度。

对于创业来说，创业之法包括管理制度、信息系
统、人力资源与组织管理、赢利模式与财税金融、激励
机制五部分。

无论是多么正确、得人心的事，多么得天时地利，
领导者多有才能，打仗或者经营企业是不可能靠一个人
或者几个人完成的，必须依靠成建制的队伍，依靠团队
合作。

当"道、天、地、将"各方面都谋划准备好了之
后，所面临的就是如何组织带领队伍完成目标，也就是
"法"的问题了。这就必然涉及决定组织中人员相互关
系和职位权责的治理结构和组织架构，规范组织中人的
行为的规章制度，组织中成员之间沟通协调、上下级之
间指挥汇报的信息系统，招募、培训、考评组织成员的
人力资源系统，组织获得、运用、结算、增值资金的财

务赢利模式和金融运作，以及让组织人员尽职尽责、忠诚敬业的激励机制。

组织带领队伍是一项复杂艰巨的任务，因此"法"是最难的部分。孙子也在"七计"中用了"四计"，也就是"法令孰行？兵众孰强？士卒孰练？赏罚孰明？"来阐述"法"的四个关键方面。这对于创业和管理来说也极具指导意义。

1. 法不在繁而在简，不在全而在行

孙子在《孙子兵法》中说："令素行以教其民，则民服；令不素行以教其民，则民不服。令素行者，与众相得也。"这句话的意思是平时就必须严格执行军令，让大家养成服从、执行的习惯和意识。绝不能等到要上阵了，才说："现在开始要打仗了！军令要开始执行，不能像平时那么随便了！"如果平时很放松，大家没有养成好习惯，上战场了才开始宣布要严格，那大家就会不服。只有平时就令行禁止的军队，上战场后才能兵将相得，上下协调一致。

杜牧注解说："居常无事之时，须恩信威令先著于人，然后对敌之时，行令立法，人人信伏。"《十一家注孙子》中说："夫令要在先申，使人听之不惑；法要在必行，使人守之，无轻信者也。三令五申，示人不惑也。法令简当，议在必行，然后可以与众相得也。"

法令的关键，一在事先申明，人人明了，让人人知法；二在有法必行，没有例外，让人人都愿意选择守法。人是利益驱动的，如果犯法就必然被追究，被追缴违法所得并受到额外的处罚，人们就会对犯法这个行为有所忌惮。相反，如果犯法被追究的风险很小，而犯法所得的非法利益又很大，这时想要人不犯法几乎是不可能的。

"三令五申"，是我国古代军事纪律的简称。所谓"三令"，一令观敌之谋，视道路之便，知生死之地；二令听金鼓，视旌旗，以齐其耳目；三令举斧钺，以宣其刑赏。所谓"五申"，一申赏罚，以一其心；二申视分合，以一其途；三申画战阵旌旗；四申夜战听火鼓；五申听令不恭，视之以斧钺。三令五申都搞清楚，法令简单恰当，而且有法必依，违法必究，执法必严，没有例外，大家就都踏踏实实，清清楚楚，明明白白。如果三令五申都是空话，军队的管理者选择性执法，那么人人都会犯错，个个都心存侥幸，人人都心中焦虑。

《尉缭子》说："令之之法，小过无更，小疑无申。……故上无疑令，则众不二听，动无疑事，则众不二志，古率民者，未有不能得其心而能得其力者也，未有不能得其力而能致其死者也。"这是讲制定法令的方法，意思是制定的法令，如果之后发现有些小的缺点，只要不是要命的，就不要变更，并照旧执行。有些小的不明白的地方，也不要重申补充。这样法令就是法令，下了就要执行。

法令的严肃性、权威性、稳定性，比法令的合理性更重要。诸葛亮和魏军作战，以寡敌众。但是，正在此时，有一批士兵的服役时间到了，按法令应该回家。诸葛亮说："信不可失。"没有留这批士兵打完这仗再走，而是到时间就放他们回去。结果这批士兵人人愿意留下一战，上下相得，士气暴涨，最终大败魏军。

法令的"简当"非常重要。只有"简"，法令才容易让大众都知道明了，让人人都能做到知法；只有"当"，法令才能解决问题，并让大家愿意遵守不去触犯，让人人都能做到守法。做到了简单得当，就为有效执行奠定了坚实基础。

这方面有几个著名的案例，第一个著名案例是红军的"三大纪律八项注意"，无论是内容、文字还是形式都堪称典范。"三大纪律八项注意"尤其注重"行"，不求全求美，而是注重执行和实效，针对性极强，完全就是为劳苦大众出身的红军战士量身定制的，完全就是面向解决问题，根据实际需要制定的。内容上非常具体，没有一星半点的空洞说教、套话、空话，并且讲明了其背后的道理。文字上通俗易懂，形式上还谱成了歌曲，让士兵人人传唱，潜移默化。

第二个著名案例是刘邦的约法三章。

公元前208年，刘邦率领大军攻入关中，秦王子婴投降后，刘邦在樊哙和张良的劝告下，封秦重宝财物府库，还军灞上。之后，刘邦便召集诸县父老豪杰，向他们发布安民告示："父老苦秦苛法久矣。诽谤者族，偶语者弃市。吾与诸侯约，先入关者王之，吾当王关中。与父老约。法三章耳：杀人者死，伤人及盗抵罪。余悉除去秦法。诸吏人皆案堵如故。凡吾所以来，为父老除害，非有所侵暴，无恐！且吾所以还军灞上，待诸侯至而定约束耳。"这个安民告示，就是历史上有名的约法三章。

秦国父老豪杰们都表示拥护约法三章。接着，刘邦又派出大批人员，到各县各乡去宣传约法三章。百姓们听了，都热烈拥护，纷纷拿来牛羊酒食慰劳刘邦的军队。由于坚决执行约法三章，刘邦得到了百姓的信任、拥护和支持，最终建立了西汉王朝。

法令非常强调稳定性，因为稳定性是权威性和严肃性的基本条件，但法令也不是一成不变的。刘邦后来认为三章大律太简略，难以适应统治的需要，萧何便在秦律的盗、贼、囚、捕、杂、具六篇外，又增设户、兴、厩三篇，形成《九章律》，至此汉朝律令基本成形。

不过，当战时"简当"的法令被补充完善成严密的法律体系后，民众就难以明了和掌握了，所以就出现了职业律师，来帮助民众处理法律事务。

第三个著名案例和第二个非常类似。

立法者一定会追求法律体系严密完善没有漏洞，其代价便是法律条文的烦琐复杂。让民众尽可能知法，就成为难以克服的难题，加强法制教育自然就成为重要任务。

让民众在知法上绞尽脑汁的，当属明太祖朱元璋了。

明朝建立后不久，很快就有了一部《大明律》。在有关明朝的影视剧（如情景喜剧《武林外传》）中经常会提到这部法典。《大明律》里有"讲读律令"的条文。这条规定不仅是针对官员的，也是针对老百姓的。对官员来说，他们不但要讲读律例，而且还要通晓律意，否则将会受到制裁。对老百姓而言，他们如能通晓律例，在普通犯罪时，即可免罪一次。在清朝时期也有这样的律文。

但是，朱元璋感觉这还不够，随后又颁布了一部《明大诰》，这部法典在明朝初期起到了很大的作用。《明大诰》其实是一部判例集，里面收集了大量的实际中已经发生的案件的详细内容，不但有关于案件的详细信息，还有大量关于对犯人实施酷刑的描写，《明大诰》中的刑罚程度也远重于《大明律》。

朱元璋对于《明大诰》的宣传，可谓不遗余力。谢应芳《龟巢集》卷八载有"读大诰作巷歌"，语云："挂书牛角田头读，且喜农夫也识丁。"这里的"挂书"之

"书",即《明大诰》。同书卷七尚有"周可大新充粮长"七绝一首,语曰:"田家岁晚柴门闭,熟读天朝大诰篇。"足见,《明大诰》流传之广泛,以至牧童、农夫都在习读。

与此同时,在通衢要道和众人聚会的地方,还会张挂相应的法律文本,以便老百姓知晓法律。有时还会有老百姓因不知道法律而被官府免于处罚的案例。《明实录》记有永乐二年的一个有趣故事。大理寺官员奏:"市民以小秤交易者,请论违制律。"皇帝问工部官员:"小秤之禁已申明否?"答曰:"文移诸司矣。"又问:"榜谕于市否?"答曰:"未。"皇帝就说:"官府虽有令,民未悉知。民知令则不犯;令不从则加刑。不令而行之,不仁。其释之。"

《大明律》可以算作是成文法,这就是我国目前所采用的大陆法系;而《明大诰》具有明显的判例法的特征,则相当于是欧美法系。一个国家同时使用这两大法系,估计在世界历史中也是极其罕见的。

《大明律》是国家的正版法典,但是普通百姓很难接触到,也读不懂。而《明大诰》通俗易懂,普及率极高,几乎每家一册。明初还有一个规定,一个人犯了法后,若在家中能找到一册《明大诰》,则可以免罪一等,比如该杀头就可以改流放。因为有了这个规定,一时间洛阳纸贵。

在法令的"简当"性与完备性之间进行取舍平衡，为人人知法、人人守法创造良好环境，以及规章制度成形之后如何让每个员工都知晓并愿意遵守，是创业者在制定企业规章制度时必须考虑的课题。

2. 以众胜寡，以强胜弱才是正道

《孙子兵法》以《计篇》为始，但孙子的"计"并不是人们通常所理解的奇谋巧计、阴谋诡计，而是计算、计较（比较）。《孙子兵法》强调的是以众胜寡、以强胜弱，而不是以少胜多、以弱胜强。

《孙子兵法》在开篇"五事"的（道、天、地、将、法）基础上进一步提出"七计"，即"故校之以计，而索其情，曰：主孰有道？将孰有能？天地孰得？法令孰行？兵众孰强？士卒孰练？赏罚孰明？吾以此知胜负矣。"

意思是通过七个方面的考察、分析和比较，从而来预测战争胜负。"七计"中"主孰有道？将孰有能？天地孰得？法令孰行？"对应的是"道、天、地、将、法"五事，之后孙子就提出了"兵众孰强？"，也就是哪一方装备更精良，兵员更广大？可见孙子对实力的重视。

孙子在《谋攻篇》中提出，"故用兵之法，十则围之，五则攻之，倍则分之，敌则能战之，少则能逃之，不若

则能避之，故小敌之坚，大敌之擒也。"孙子指出，用
兵的原则是，有十倍于敌的兵力就包围它，有五倍于敌
的兵力就进攻它，有两倍于敌的兵力就分散它，有与敌
相等的兵力就抗击它，兵力少于敌人的时候就要退却，
实力比敌人弱就要设法避免决战。所以，弱小的军队如
果只知死打硬拼，就会沦为强大敌人的俘虏。

孙子在这里指出用兵的基本原则就是以多胜少，以
众击寡。孙子认为只有拥有绝对的优势兵力时才能进
攻，打得赢就打，打不赢就跑，千万不能和强大的敌
人硬碰硬。在面对强敌时，面对敌众我寡的局面时，
必须想办法逃之避之。这样就达到了孙子在后文中所
说的"敌虽众，可使无斗"的目的，就是敌人虽然人
多势众，可以想办法（逃之、避之等），让敌军无法参
加战斗。

创业也是如此，创业者相对于行业的领军者或者如
BAT 这样的产业巨鳄，无疑是弱小的，必须避免在资
金、人员、研发、市场投入等方面与之正面交锋，而要
想办法"可使无斗"，最好是和巨头结成联盟，"与狼共
舞"，借力发展自己。

再看比尔·盖茨和他的微软帝国，最初微软正是与
蓝色巨人 IBM 结成战略伙伴，IBM 卖硬件，微软卖软
件，因为微软站在了巨人的肩膀上，所以其迅速成长
为软件霸王。

对创业者来说，资源通常都是非常有限的，兵微将寡，粮草不足，这时又该采取什么样的发展战略？又该如何应对激烈的市场竞争呢？

根本的办法还是以多胜少，以众击寡，采取的策略便是单点突破，将所有资源和力量集中在一个点上，形成局部以多胜少、以众击寡的优势。

正如孙子在《虚实篇》中所指出的："故形人而我无形，则我专而敌分。我专为一，敌分为十，是以十攻其一也，则我众敌寡。能以众击寡，则吾之所与战者约矣。吾所与战之地不可知，不可知则敌所备者多；敌所备者多，则吾所与战者寡矣。故备前则后寡，备后则前寡，备左则右寡，备右则左寡，无所不备，则无所不寡。寡者，备人者也；众者，使之备己者也。"

创业的小公司与行业领军巨鳄相比，行业巨鳄的最大战略劣势之一是"形人"，即时刻处在聚光灯下，一举一动都为人瞩目，更是众多挑战者瞄准、研究、模仿和试图超越的目标。作为普通人，我们常常羡慕名人，恨不得自己也能名扬四海，却很难体会名人"形人"的苦恼，一举一动受人瞩目，没有隐私，也很难有私密空间，稍有不慎就可能引发舆论热议，谨防授人以柄，生活受到严重影响。

行业巨鳄因为要防御各个方面的难以预料的挑战与竞争，防不胜防只能处处设防，不得不分散力量，分散力量之后，实际上在单个方面特别是单点上，力量必然是不足的。

相反，创业公司的最大战略优势之一是"无形"，即没人关注，没人研究，没人把你当成目标。所以可以专心致志于某个方面，集中力量于某个自己最有优势的单点，从而实现孙子所说的"我专为一，敌分为十"，从而在局部实现"以十攻一""以众击寡"。

创业公司能否珍惜、把握"无形"的战略优势并"专为一"，集中全部资源和力量形成单点"以十攻一""以众击寡"的数量优势，是决定创业成败的关键因素。

但现实中我们看到的，是很多创业者将有限的资源天女散花、撒胡椒面般用在不同的地方，看到任何有利可图的机会都不愿放过，没有坚定的创业方向，结果就是摊子越铺越多，力"分为十"，以一攻十，以寡击众，离成功越来越远了。也许有些创业者这样做是想降低创业的风险，但正如 Facebook 创始人扎克伯格所说，最大的风险就是不冒风险。创业的本质是商业试错，本身必然是高风险的，如果集中全部资源与力量都不能成功，就更不能指望以十分之一的资源与力量来取得成功。什么都做，最大的可能是什么都做不好。

创业者的这种错误，孙子在《地形篇》"六败之道"中称之为"走"和"北"。原文如下："故兵有走者，有弛者，有陷者，有崩者，有乱者，有北者。凡此六者，非天地之灾，将之过也。夫势均，以一击十，曰走；卒强吏弱，曰弛；吏强卒弱，曰陷；大吏怒而不服，遇敌怼而自战，将不知其能，曰崩；将弱不严，教道不明，吏卒无常，陈兵纵横，曰乱；将不能料敌，以少合众，以弱击强，兵无选锋，曰北。凡此六者，败之道也，将之至任，不可不察也。"

孙子在"六败之道"中，两次谈到兵力问题。"夫势均，以一击十，曰走""将不能料敌，以少合众，以弱击强，兵无选锋，曰北"。孙子认为，"以一击十""以少合众""以弱击强"都是取败之道。

孙子指出这种错误"非天之灾"，而是"将之过也"，并认为避免犯这样的错误是"将之至任，不可不察也"。

孙子的话对创业者来说同样是正确的，犯"以弱击强""以寡击众""以一击十"这样的错误不是天灾，是创业者的过失，避免犯这样的错误，也是创业者的重要任务之一。

创业者必须认识到，创业成功的正道还在于以众击寡、以强胜弱，必须想办法融资，也就是募集创业所需要的种种资源，最好是有十倍的资源，以十攻一。必须采取单点突破的策略，集中资源与力量于单点，实现局部的以十攻一。

3. 兵贵多更贵精，卒非练不成军

孙子在"兵众孰强"之后又提出"士卒孰练"，指出武器装备和兵员仅仅多是不够的，更要练，只有通过充分的训练和磨合，才能真正成为有战斗力的精兵。

分开讲这两条的目的是想强调"士卒孰练"，强调"练"的重大意义。只有通过充分的训练，充分的磨合，才能让士兵掌握武器装备和作战技能，提升单兵作战能力；才能让将吏士卒之间互相了解，互相信赖，进而实现团队的密切合作，成为真正的军队。只是把一群人聚在一起，不进行训练磨合，相互之间也不了解，更谈不上信赖，那样的团队只能算是乌合之众，人再多也没有用。

柳传志说做企业就三件事，搭班子、定战略、带队伍。什么叫带队伍？带队伍就是训练队伍，让原本不专业的队伍经过训练成为专业的队伍，让原本不熟悉、不了解、不默契、不信赖的队伍经过训练磨合成为熟悉、了解、默契、信赖的团队。最终让兵知将、服将；让将养兵、知兵、选锋，用好兵。

首先，充分的训练对于培养专业能力非常重要。

人的学习能力、适应能力和由此带来的可塑性是十分强的。一个正常人经过训练后，都能从事专业工作，一个人如果一辈子只练一件事，就可能成为这方面的专家。只要训练得好，每个人都可能成为世界顶级专

家，创业者必须有这个认识和意识。美国著名作家丹尼尔·科伊尔和马尔科姆·格拉德威尔分别在他们的著作《一万小时天才理论》和《异类》中提出著名的"一万小时定律"：一方面，一万小时的锤炼是任何人从平凡变成世界级大师的必要条件；另一方面，不管做什么事情，只要坚持一万小时，基本上都可以成为该领域的专家。我们耳熟能详的《卖油翁》的故事，其实就是一万小时理论的生动案例。平时多流汗，战时少流血，所谓特种部队，里面的士兵也不是超人，他们只是经过了很多训练，如要去哪儿执行任务，先找个地方把任务执行场地模拟出来，提前几个月反复演练各种可能会出现的情况。人类学习的基本方法就是模仿和重复，通过不断的重复，练成熟手、高手。

其次，不经过充分的训练磨合，就不能让兵知将、服将、令行禁止，此时，兵就不可用。

孙子在《孙子兵法》中说："卒未亲附而罚之，则不服，不服则难用。卒已亲附而罚不行，则不可用。故令之以文，齐之以武，是谓必取。令素行以教其民，则民服；令不素行以教其民，则民不服。令素行者，与众相得也。"

俗语说，养兵千日，用兵一时。所谓养兵，就是训练培养。一方面，通过平时的训练培养，可以提升士卒的作战能力；另一方面，通过平时的训练磨合，可以让兵知将，将知兵，让将有展示"智、信、仁、勇、严"的时间和空间，让卒亲附，并令之以文，齐之以武。在平时就严格执法，赏罚分明，让将吏士卒之间建立起信赖关系，培养士卒服从号令、严守军纪的习惯和意识。

在孙子所指出的六败之道中，有四败与"士卒孰练"有关，即"卒强吏弱，曰弛；吏强卒弱，曰陷；大吏怒而不服，遇敌怼而自战，将不知其能，曰崩；将弱不严，教道不明，吏卒无常，陈兵纵横，曰乱"还有"将不能料敌，以少合众，以弱击强，兵无选锋，曰北"中的"兵无选锋"，也与"士卒孰练"有关，这些都是应该通过"练"去解决的问题。

只有通过充分的训练磨合，才能知道是否存在"卒强吏弱""吏强卒弱"的问题，如果存在，可以通过人员调配（择人）或者针对性的训练来加以解决。只有通过充分的训练磨合，将才能对"大吏"的性格脾气、素质能力有充分的了解，并在此基础上很好地驾驭"大吏"，避免"将不知其能""大吏怒而不服，遇敌怼而自战"的情形。只有通过充分的训练磨合，才能知道是否存在"将弱不严，教道不明"的问题，并通过将的从严治军或者更换合适的将领（择人）来加以解决，避免出现"士卒无常，陈兵纵横"的情况。

孙子在《孙子兵法》中说："知吾卒之可以击，而不知敌之不可击，胜之半也；知敌之可击，而不知吾卒之不可以击，胜之半也；知敌之可击，知吾卒之可以击，而不知地形之不可以战，胜之半也。"可见，是否知卒知兵是决定胜负的关键因素，无疑只有通过充分的训练磨合才能做到知卒知兵。

作为杰出的领袖，刘邦在知人知兵、知己知彼方面做得就非常到位。史载刘邦遣韩信、曹参、灌婴击魏豹，问："魏大将谁也？"对曰："柏直。"刘邦说："这小子还乳臭未干，不是韩信的对手。"又问："骑兵将领是谁？"答："冯敬。"刘邦说："哦，那是秦将冯无择的儿子，虽然也算不错，但还是斗不过灌婴。"再问："步卒将领是谁？"答："项它。"刘邦说："斗不过曹参。吾无忧矣！"

充分的训练磨合，还有一个非常重要的作用，就是"知人"然后"择人"。从前面对四败的分析可以看出，很多时候，战术之所以出问题，根源在于"知人""择人"出了问题。正如唐太宗李世民所说，用人如器。没有无用之人，只有被用错了的人才。

择人、用人不当，其后果不仅仅是用错人才，还会导致事业的挫败。一将无能，累死三军，如果在关系国家安危的事情上用错了人，后果就更加不堪设想。所以在两军对垒之时，如果对方用人得当，要取得胜利往往非常困难。这时常用的战术是散布谣言，干扰对方的用人方略，让对方换一个并不适合的人来担任主将，或者蓄意隐瞒我方的主将人选，示敌以一个并不合适的"名义主将"，而将实际的合适人选隐藏在幕后，让对方产生错误的判断，然后再破敌取胜。

历史上著名的秦赵长平之战就是这样。从一开始秦国主帅白起就诈病，让王龁担任名义上的主帅。赵国最初起用了名将廉颇担任主帅，廉颇深沟高垒、坚守不出，没有给秦军任何可乘之机，导致秦军无可奈何，只能两军对峙长达三年之久。此后秦军开始散播谣言，说秦军不怕廉颇，只怕赵括，同时派间谍去影响赵国朝廷的判断。结果赵王中计，不顾兵家大忌临阵换帅，让纸上谈兵的赵括替下实战经验丰富的廉颇。之后白起秘密抵达前线指挥作战，同时军中严令，泄露白起为帅的人一律斩首。再后赵括轻兵冒进，四十多万赵军被白起以同等数量的秦军借助地形围困于绝地。最后赵括战死，赵军粮草断绝全军投降并几乎全部被秦军坑杀。

再如诸葛亮第一次北伐之时，选派马谡去防守军事要冲街亭。本来早在白帝城托孤之时，刘备就曾告诫过诸葛亮，说"马谡言过其实，不可大用，君其察之！"但马谡作为诸葛亮的行军参谋，多次提出和诸葛亮不谋而合的高明谋略，让诸葛亮对其刮目相看。所以这次诸葛亮不顾刘备的告诫毅然委马谡以重任。结果马谡不顾诸葛亮的嘱咐和副将王平的劝告，按照兵书"置之死地而后生"的教条，非要将军队驻扎在山上。结果让魏将张郃围困在山上，又被切断水源，蜀军不战自乱，被张郃率魏军击溃。街亭之败，究其根源，诸葛亮要承担用人不当的主要责任。马谡是优秀的参谋人才，但绝不是合格的将帅之才。从识人用人的水平来看，刘备要远远高于诸葛亮。

再比如关羽失荆州也是如此。关羽北伐曹魏，最初始终在荆州留有重兵，以防范江东的吕蒙。后来关羽在进攻曹魏的前线遇阻，兵力上不足，很想将荆州的守军调往前线，但慑于吕蒙的威胁一直不敢。此时吕蒙也采取诈病的计谋，孙权集团故意委任无名小将陆逊接替吕蒙，陆逊写信给关羽示弱，关羽终于放心将荆州守军调往前线支援作战。之后吕蒙白衣渡江，奇袭荆州，得手后与曹魏大军两路夹击关羽，关羽败走麦城，被东吴军生擒并处死。自此蜀国刘备集团从巅峰滑落，荆州之战影响深远。

孙子也在《孙子兵法》中多次强调"择人""取人""选锋"。在《兵势篇》中孙子说："故善战者，求之于势，不责于人，故能择人而任势。"在《行军篇》中孙子说："兵非贵益多，虽无武进，足以并力、料敌，取人而已。"在《地形篇》中，六败之道从反面指出知人用人的重要性，"兵无选锋"也是导致失败的原因。

"择人""取人""选锋"都是选拔人才。那么要怎么选拔人才呢？曹操注解说："厮养足也。"就是要和士卒厮磨、厮混、厮守，打成一片，混得精熟，磨合得浑然有如一体，有如父子兄弟。孙子说："视卒如婴儿，故可与之赴深溪；视卒如爱子，故可与之俱死。"对待士兵就像对待自己抚养的婴儿一样，就可以和他们一起去跳深溪（冒险）；对待士兵像对自己的孩子一样，就可以和他们一起去赴死。这种关系的养成，还是得靠长时间充分地"练"。

厮养也含有驯养的意思，就是长时间充分地磨合和训练，让将知兵，了解下属吏卒的性格、素质和能力，然后才能从中选拔人才、选拔先锋，根据每个人才的特长，将他们安排到最合适的岗位，用好每一位人才。

柳传志将搭班子（将）、定战略（道天地）、带队伍（法）作为企业家最关键的任务，反映出他对创业对管理的深刻理解和认知。队伍是带出来的，带的过程也就是练的过程。

4. 赏罚分明，利益趋同

（1）关于人性。

西方经济学关于人性有一个基本假设，即"经济人"假设。"经济人"假设是对在经济社会中从事经济活动的所有人的基本特征的一个一般性的抽象。这个被抽象出来的基本特征就是：每一个从事经济活动的人都是利己的，都以自己的利益最大化作为决策的依据。或者说，每一个从事经济活动的人所采取的经济行为都是力图以自己的最小经济代价去获得最大的经济利益。

中国自古也有一句话：天下熙熙，皆为利来，天下攘攘，皆为利往。其含义与西方经济学"经济人"的假设是相同的，就是说人是利益驱动的，人性是自私的。

（2）看不见的手。

人性是自私的，如果社会中人人自私，人人都从自己的利益最大化出发去考虑问题，去作出决策，对于社会来说最终会是什么结果？

对于这个问题的回答，亚当·斯密在他的《国富论》中提出了著名的"看不见的手"的理论。他说：每个人都试图应用其资本，来使其生产品得到最大的价值。一般来说，他并不企图增进公共福利，也不清楚增进的公共福利有多少，他所追求的仅仅是他个人的安乐，个人的利益，但当他这样做的时候，就会有一双看不见的手引导他去达到另一个目标，而这个目标绝不是他所追求的东西。由于追逐他个人的利益，他经常促进了社会利益，其效果比他真正想促进社会效益时所得到的效果更大。

也就是说，尽管最初每个人的出发点都是为了实现个人的利益最大化（个体理性），但最终结果却是实现了社会利益的最大化（集体理性），这说明个体理性与集体理性是一致的。

（3）囚徒困境。

博弈论中最著名的博弈当属囚徒困境。

囚徒困境讲的是这样一个故事：一富翁被杀，财物被盗。警方抓到两位嫌疑人，并起获赃物，但他们都矢口否认杀人。两人被隔离单独审讯，面临坦白还是抵赖的选择，选择后有以下后果：如果都拒不坦白杀人罪行，都将因偷盗被判 1 年；如果 1 人坦白，1 人抵赖，坦白者将被释放，抵赖者将被判 10 年；如果都坦白，两人都将被判 8 年。

于是，每个囚徒都面临两种选择：坦白或抵赖。然而，不管同伙选择什么，每个囚徒的最优选择都是坦白，因为如果同伙抵赖，自己若坦白将被马上释放，自己若抵赖将被判 1 年，在此情境下选择坦白比抵赖好；如果同伙坦白，自己若坦白的话将被判 8 年，自己若抵赖将被判 10 年，坦白还是比抵赖好。

这样，从个体理性即个人的利益最大化出发，两个嫌疑人都将选择坦白，将被各判 8 年。但另一方面，如果两人都抵赖，将被各判 1 年。

从整体来看，如果以两人被判刑期之和作为衡量标准，两人都抵赖是最佳选择，而双方都坦白是最坏的结果。但从个体角度来看，如果只以自己被判刑期作为衡量标准，只考虑自己的利益，在囚徒困境所假设的条件下，无论对方如何选择，个人的最佳选择都是坦白。这样最后的结果必然是双方都坦白。

囚徒困境所反映出的深刻思想是，个体理性与集体理性可以不一致，个体独自追求利益最大化不会必然导致集体利益的最大化；相反，人类的个体理性有时能导致集体的非理性，聪明的人类会因自己的聪明而作茧自缚，或者损害集体的利益。

（4）最佳处世策略与四项基本原则。

现代博弈论关于处世策略与做人原则的研究也非常值得创业者借鉴。什么样的人、什么样的处世策略在这个世界上能更加成功呢？

是南帝段皇爷、东郭先生（永久合作策略型）？西毒欧阳锋（永远背叛策略型）？东邪黄药师（随机策略型）？赤练仙子李莫愁、灭绝师太、裘千尺（永久报复策略型）？明教张无忌、穆念慈（无原则宽容策略型）？纸上谈兵的赵括（自以为高明策略型）？秦二世胡亥的承相赵高（欺负糊涂人策略型）？林冲、阿 Q（欺软怕硬策略型）？吕布（取得信任后再想法占便宜策略型）？孔子（以德报德，以直报怨策略型）？

美国密歇根大学艾克斯罗德教授通过计算机模拟竞赛的方法对此进行了专门的实验研究。

他首先邀请全世界的学者递交自认为最优的策略

程序，然后让策略程序相互之间交替进行不特定次数的"重复囚徒困境博弈"，最后根据最终排名来判定优劣。

实验规则如下：每个程序有合作与背叛两个策略，如果双方均选择合作，那么双方各得 3 分；如果一方合作，一方背叛，则合作方得 0 分，背叛方得 5 分；如果都选背叛，则双方各得 1 分。这实际上是囚徒困境博弈的规则。

实验共进行了三次：第一次实验有 14 个策略程序参赛（包括艾克斯罗德教授自己的随机策略）。第二次实验是全球博弈论专家在第一次实验结果的基础上改进的 63 个策略程序进行比赛。第三次实验是 63 个策略程序的进化比赛，比赛中的 63 个策略程序，哪个程序在上一轮的得分高，那么该程序在下一轮群体中所占的比例就大。

第一次实验运转了 300 轮，得分最高的是加拿大学者罗伯布的"一报还一报"（tit for tat）策略程序。艾克斯罗德还发现，得分高的程序有三个特点：第一，从不首先背叛，即是"善良的"；第二，对于对方的背叛行为一定要报复，不能总是合作，即是"可激怒的"；第三，不能因为对方的一次背叛就没完没了地报复，以后如果有合作机会，也要进行合作，即具有"宽容性"。

尤其值得创业者重视和深思的是，得分最低的策略是绝不原谅、绝不宽容的永久报复型策略。

第二次实验的胜者仍是"一报还一报"策略程序。同时第一次竞赛中发现的三个特点仍然有效。在 63 个策略中得分最高的 15 名里，只有第 8 名的哈灵顿程序是"不善良的"。

同样值得创业者重视和深思的是，总是合作的"老好人策略"虽然是"善良的"，但其表现是所有善良型策略中最差的，并位于得分最低的 15 个策略之中。

"可激怒性"和"宽容性"的重要性也在第二次实验中得到了证明。第二次实验的新发现是，好的策略必须具备第四个特点："清晰性"。这是指策略要能让对方在三五步内辨识出来，过于复杂的策略不一定是好的。

第三次实验的胜者还是"一报还一报"策略程序。具体结果是"一报还一报"在原始群体中所占的比例为 1/63，经过 1000 轮的进化，结构稳定下来时，"一报还一报"的比例增到了 24%。还有一些策略程序在进化的过程中消失了。

值得研究的是，前 15 名中唯一的"不善良的"哈灵顿程序（即刚开始合作，当发现对方一直合作，它就突然来个不合作，如果对方立刻报复它，它就恢复合作，如果对方仍然合作，它就继续背叛），在刚开始时发展得很快，但等到除"一报还一报"策略程序之外的其他策略程序在进化中逐渐消失时,它的发展速度就开始下降了。

总体来讲,三轮实验的胜者都是"一报还一报"策略程序,那么"一报还一报"究竟是怎样的策略呢?

第一步先选择合作,从第二步开始,如果对方上一步选择合作,则自己也选择合作,如果对方上一步选择背叛,则自己也选择背叛。也就是说,从这个策略程序的第二步开始,每一步的选择就是对方上一步的选择,所以称为"一报还一报"。如果对方一直合作,则双方始终保持合作关系,如果对方背叛后反悔想再次合作也可以,前提是要付出同等的被背叛的代价。

这就是"一报还一报"策略,就是"人不犯我,我不犯人,人若犯我,我必犯人"的策略。

"一报还一报"策略的特点是,在两两对策时,其得分不可能超过对方,最多打个平手,也就是说,它和每个对手打交道是绝不占便宜的一方,但它的总分最高。它赖以生存的基础是很牢固的,因为它让对方得到了高分。

哈灵顿程序则相反,它得到高分时,对方必然得到低分。它的成功是建立在对方失败的基础上的,而失败者总是要被淘汰的,所以当失败者被淘汰之后,这个靠占失败者便宜而成功的程序也难逃被淘汰的命运。

那么,在一个极端自私者所组成的不合作者的群体中，"一报还一报"能否生存呢？艾克斯罗德教授发现，在得分矩阵和未来的折现系数一定的情况下可以算出，只要群体的 5% 或更多成员是"一报还一报"的，这些合作者就能生存，而且，只要他们的得分超过群体的总平均分，这个合作的群体就会越来越大，最后蔓延到整个群体。反之，无论不合作者在一个合作者占多数的群体中有多大比例，不合作者都是不可能自下而上由少变多的。

这就说明，社会向合作进化的车轮是不可逆转的，群体的合作性将越来越大。艾克斯罗德正是以这样一个鼓舞人心的结论，突破了"囚徒困境"的研究困境。

正如《论语·雍也篇第六》中所说："己欲立而立人，己欲达而达人。"一个真正成功的人同样应该以别人的成功为基础。一个和每个人打交道都愿意吃亏的人，常常是社会中最成功的人，因为他会得到最多的机会，太精明的人往往难以在社会中真正成功。

通过艾克斯罗德的实验，我们可以总结出为人处世的四项基本原则：

第一是善良，第二是有原则，第三是宽容，第四是清晰。或者说第一是仁信，第二是严明，第三是宽容，第四是简单。

不难看出，这四项基本原则的核心与为将五德有异曲同工之妙。

（5）从利益驱动到利益趋同。

"一报还一报"策略为什么要"还一报"？还一报绝对不是目的，而只是手段。还一报的目的是让双方回到合作的轨道上来，是建立利益趋同的机制。

什么是利益趋同？就是自己的利益和他人的利益是一致的，即对他人有利的，同样也是对自己有利的，对他人不利的，同样也是对自己不利的。利他就是利己，损人就是损己。这样在人际交往和合作之中，人性自私将不再成为合作的阻碍，反而会成为合作的保障和动力。在利益趋同的情形下，个人从自身利益出发，必然选择利他的行为而不是损人的行为，因为利他就是利己，损人就是损己。

趋利避害是包括人在内的生物本能，是适者生存的必然结果。人是利益驱动的，或者说人是经济人，是以自己的利益最大化作为决策标准的，这是千百年来生存的智慧。

正如《自私的基因》一书的结论：自私是进化的要求和产物，是人性，是无可厚非的。但问题是人不仅仅是自然人，更是社会人。所谓社会人，就是人必须参与社会分工，必须参与社会中人与人的合作，自私就会成为合作过程中的人性难题。虽然"看不见的手"理论认为，在市场经济中，开始时是人人为自己，但仿佛有一只看不见的手，使得最终的结果是人人为他人。换而言之，集体理性与个体理性是一致的。但博弈论最经典的博弈"囚徒困境"中无法辩驳的理论和现实生活中处处可见的案例告诉我们，个体理性与集体理性是不一致的，如果每个人都只为自己考虑，对社会来说就会是巨大的悲剧，最后每个人都会反过来受到伤害。草场的过度放牧、渔场的过度捕捞、资源的过度开发、环境被肆意破坏，等等，都是囚徒困境的无情案例。

为什么"一报还一报"会是最佳处世策略？就是因为"一报还一报"建立了利益趋同的机制，解决了人际交往与合作中人性自私的难题。

在人际交往与博弈的过程中，如果我们知道对方的策略是"一报还一报"，是一个"人不犯我，我不犯人，人若犯我，我必犯人"的对手，我们就会知道：如果我们敬对方一尺，对方就会回敬我们一尺；如果我们打对方一个巴掌，对方也会毫不犹豫地"回敬"我们一个耳光。也就是说，敬人一尺就等同于敬自己一尺，打人一巴掌就等同于打自己一巴掌。换句话说，就是给对方利益，对方就会给我们利益，利他的结果等同于利己；损害对方的利益，对方就会损害我们的利益，损人的结果等同于损己。这样就建立起了利他就是利己、损人就是损己的利益趋同机制，即使我们从自己的利益出发去作选择，最终也必然选择与对方友好相处。

著名经济学家梁小民指出，制度并不是要改变人的利己本性，而是要利用人这种无法改变的利己心，引导他们去做有利于社会的事。制度的设计要顺从人的本性，而不是力图改变这种本性。从这个角度来看，"一报还一报"无疑是一个好的制度设计。

利益趋同的一个经典案例，是英国历史学家查理巴特森在其著作《犯人船》中所讲述的 18 世纪英国政府如何解决罪犯运输过程中高死亡率的问题。

18 世纪，英国政府为了开发蛮荒的大洋洲，决定将已经判刑的囚犯流放到那里。运输工作承包给了一些私人船主，英国政府按上船的犯人人数支付船主费用。船主为了牟取暴利，就尽可能地往船上多装犯人，而一旦按人头数拿到了钱，对这些船上犯人的死活就不管不顾。三年间，从英国运往大洋洲的犯人在途中的死亡率高达 12%，其中最严重的一艘船上，424 名犯人中竟然有 158 名犯人死亡，死亡率高达 37%，这使英国政府遭受了巨大的经济和人力资源损失，并受到巨大的社会舆论压力。于是英国政府开始想办法改变这种状况。最初，他们在每艘船上都配了一名监督官员、一名医生，并对犯人的生活标准做了硬性规定。但死亡率不仅没降下来，有的监督官员和医生也不明不白地死在船上。原来，一些船主为了私利而向官员行贿，官员如果拒不顺从，就被扔进大海。英国政府又尝试采取教育官员、严厉惩罚船主等措施，但情况仍旧没有好转，犯人的死亡率仍然居高不下。后来，一名议员提议，以到大洋洲下船上岸的人数作为向船主支付报酬的标准，难题才迎刃而解。犯人的死亡率也一下降到了 1%，有些船只经过几个月的航行也实现了零死亡率。

为什么将付费制度从按上船的人数付费改为按下船人数付费，就解决了问题？为什么其他方案都没有解决问题？其中最关键的原因就是，按下船人数付费的制度，在政府和船主之间建立了利益趋同的机制，而其他方案都没有解决政府与船主利益冲突的问题。

在这个案例里面，政府的最大利益是以最低的死亡率和最低的成本将尽可能多的犯人运到流放地。但是在按上船人数付费的制度下，船主的最大利益是赚到最多的运费并将运输过程中的开支和成本降到最低。因此，不管犯人基本的生存空间，尽可能多地往船上装犯人最符合船主的利益，至于犯人在船上的死活，抛开道德层面的因素和压力，犯人死得越早越多就越节省运输成本，对船主反而越有利。如果按政府的要求努力降低死亡率，就必须保证犯人的基本生存空间，就必须控制上船的犯人人数，那样就会大大减少运费收入。同时，也必须保证犯人在运输过程中最低限度的营养并提供必要的医疗卫生服务，那样就会大大增加船主的开支和成本。可见，在按上船人数付费的情况下，政府的利益与船主的利益是不一致的。这个根本性的利益冲突不解决，政府采取加强监督或者教育的措施都不可能取得效果。

在按下船人数付费的制度下，船主要获得收益，前提是犯人必须活着到达流放地。船主的最大利益也变成以最低的死亡率、最低的成本将尽可能多的犯人运到流放地，这样船主的利益和政府的利益就一致了。利益趋同，利他就是利己，这种情况下，船主就自我驱动、自我管理，无须政府的监督管理和教育。

"一报还一报"策略为什么会有如此威力？"一报"为什么要"还一报"？

这就涉及人类合作中如何从根本上解决人性自私的难题。

"还一报"不是为了报复，而是为了建立利益趋同机制。"还一报"能建立起对人好就是对自己好（利他就是利己）、对人不好就是对自己不好（损人就是损己）的等价关系，作为理性经济人（自私的聪明人），就必然选择合作利他。

为什么自古以来都将杀人偿命作为人类社会的基本法律？其背后也是"一报还一报"的设计机制，因为杀人偿命意味着"杀人就是杀自己"。

《孙子兵法》强调要在组织中建立赏罚分明的激励机制。管理学畅销书《一分钟经理人》中提到了三个秘诀：一分钟目标，一分钟赞扬，一分钟更正。这三个秘诀的核心也是"一报还一报",也是要在组织中建立起利益趋同机制。互联网的三要素为"连接、互动、共享",其中"互动"这个要素是关键,而互动的本质也是要实现"还一报"。

"一报还一报"也是教育的核心机制,对子女的行为一定要及时给予奖惩(包括精神的和物质的),通过奖惩激励孩子形成正确的价值观和行为规范。

博弈论的研究表明,人类相互之间要建立合作关系需要两个基本条件:其一是关系要持久;其二是对合作和背叛都必须给予回报,也就是必须"还一报"。这两点中第二点尤其重要。有了第二点,一生一次的生意可能变成一生一世的生意,没有第二点,即使是天然的持久关系也可能在逐渐淡漠并中止。总之,没有"还一报",就不可能建立起长久的合作关系,当然也就不可能实现共赢。

中国文化自古强调礼尚往来,说"来而不往非礼也"正是这个道理。从这个意义上讲,做好事不留名并不值得宣扬,因为这样"还一报"的链条就断了。孔子的弟子子路救了一个小孩,小孩的父亲送他一头牛,子路收下了,有人说子路做好事要回报不是君子。但孔子表扬了他,说:"这样以后会有更多的人做好事。"

鲁国有一道法律,如果鲁国人在别国见到同胞不幸沦落为奴隶,只要把这些人赎回来,就可以从国家获得金钱的补偿和其他奖励。孔子的学生子贡，把鲁国人从外国赎回来，但没有向国家领取金钱。结果孔子说："子贡，这就是你的不对了，从此以后，鲁国就没有人会再去赎回自己遇难的同胞了。"

"还一报"靠什么来建立？

一靠法律，法律的作用就是惩恶扬善，通过惩恶扬善，在全社会建立起造福社会就是造福自己，危害社会就是危害自己的利益趋同机制。

二靠社会道德。看到善就表扬点赞，看到恶就批评斥责，这样善的事物就会越来越多，恶的东西就会越来越少；善的势力就会越来越强，恶的势力就会越来越弱。

在美国波士顿新英格兰犹太人大屠杀纪念碑石碑上，镌刻着德国著名神学家马丁·尼莫拉的一首诗（忏悔文）《我没有说话》：

> 起初他们迫害共产党员，我没有说话，因为我不是共产主义者。
>
> 后来他们迫害犹太人，我没有说话，因为我不是犹太人。
>
> 后来他们迫害工会会员，我没有说话，因为我不是工会会员。
>
> 再后来他们迫害天主教徒，我没有说话，因为

> 我不是天主教教徒。
>
> 　最后他们迫害到我头上，我环顾四周，却再也没有人能为我说话！

（6）赏罚分明的利益趋同机制。

无论是军队还是企业，由众多个体分工协作而形成的组织都面临团体合作中人性自私的难题。在前文讨论最佳处世策略时，我们看到，"一报还一报"策略实质上是通过在博弈双方之间建立起利益趋同机制解决了这一难题，从而成为最佳处世策略。

如果将企业或者军队等组织看成博弈的一方，将组织中的个人看成博弈的另一方，"一报还一报"策略在组织中的应用就是赏罚分明，有功报之就是赏，有过报之就是罚。小功小赏，大功大赏；小过小罚，大过大罚。不仅要有功必赏、有过必罚，而且要及时赏、现时赏，及时罚、现时罚。不仅要这么做，而且要让组织中的所有人员都确信这是绝对要遵循并要不折不扣地执行的根本准则。这样组织中每一个个体就会清楚地知道并相信，如果自己的行为符合组织的利益，就会受到相应的奖赏，就符合自己的利益；如果自己的行为损害了组织的利益，就会受到相应的惩罚，就损害了自己的利益。这样从自己的利益出发，个人也必然会选择符合组织利益的行为，而会努力避免损害组织利益的行为。比如在军队中，如果没有足够力度的赏罚制度，从个人的利益来考虑，谁都不愿意冲在最前面。所以军法通常会对率先进攻者予以重赏，对临阵退缩者予以重罚。所以对于领袖来说，能不能冲锋陷阵、身先士卒并不重要，重要的是要能够看清楚下属的表现，赏功罚过。

赏罚分明对于组织的重要性就在于它能够在组织与个人之间建立起利益趋同的机制，从而解决人性自私的天然障碍，并且通过利益趋同，将人性自私的驱动力转变成组织合作的驱动力。

从道理上来看，赏罚分明的利益趋同机制并不复杂，但实施起来却并不容易，其前提是对是、非、功、过进行客观准确的评价，这具有一定的技术难度。在企业中，要先建立客观准确的绩效考核制度，然后才能在其上建立薪酬、职务升降与奖惩制度。因此，在各种组织中，这些都是非常重要的制度设计。

（7）合作的必要条件。

现代博弈论对于人际合作也作了大量研究，其结论同样值得创业者借鉴。

还是前文所讲的艾克斯罗德所做的实验，人们在研究中发现，合作的必要条件是：

第一，关系要持续，在一次性的或有限次的博弈中，博弈双方是没有合作动机的；

第二，对合作或背叛都要给予回报，一个永远合作的博弈方是不会有人想跟他合作的。

那么，如何提高合作性呢？

第一，要建立持久的关系，不做一锤子买卖。

第二，要增强识别对方行动的能力，要知道好歹。如果不清楚对方是合作还是不合作，就没法回报他了。

第三，要维持声誉，言而有信，说要报复就一定要做到，人家才知道你是不好欺负的，才不敢不与你合作。

第四，能够分步完成的对局不要一次完成，以维持长久关系，比如，贸易、谈判都要分步进行，以促使对方采取合作态度。

第五，不要嫉妒人家的成功，"一报还一报"正是这样的典范。

第六，不要首先背叛，以免担上罪魁祸首的道德压力。

第七，不仅要对背叛作出回报，对合作也要作出回报，不仅要知道好歹，而且要用行动表明你知道好歹。

第八，不要耍小聪明，占人家便宜。

现代股权和期权为什么大行其道？正是在于股权和期权既解决了利益趋同问题，又在合作各方之间建立了持久的联系。创业者要用好股权和期权这两个工具。

六、创业兵法之商业计划（Business Plan）

1. 道（干什么？）

创业商业计划（Business Plan，BP）首先要明确的就是创业之道，明确创业要干什么，为谁干，为什么干，要干成怎样（战略目标）。这其实就是创业的定位。要弄明白我们是谁，是干什么的，客户是谁，我们要为客户创造什么样的价值，企业的未来是什么，以及要达到什么样的规模和价值。

2. 天（何时干？）

在明确创业之道后，接下来就要阐述创业之天，也就是何时干的问题。要弄清楚天下时势如何，当下是不是风口，现在能不能干，以及何时可以干。

3. 地（何地干？）

创业之地要阐述的是选择哪个市场，这个市场的空间有多大，天花板有多高，主要竞争对手是谁，各自的市场地位、优劣势和市场份额如何，自己的核心竞争力及护城河是什么？

4. 将（谁来干？）

创业之将指的是创业的团队。这里要解决人和战略是否匹配，团队的生态构成是否完备，股权构成是否合理等问题。

5. 法（怎么干？）

创业之法需要阐述与创业的商业模式和企业管理系统有关的各种问题，包括关键业务模式是什么，是否经过验证（0～1跑通），是否可复制？关键资源是什么？关键合作伙伴是谁？如何到达客户（渠道是什么）？如何维护客户关系？企业组织系统的优劣与效率如何？

6. 价（怎么卖？）

最后是企业的估值及其依据、融资的额度和转让的股权，以及投资的主要风险等等。具体包括阐述国际国内的对标对象是谁？成本结构如何？收入来源有哪些？未来3～5年的规划和盈利预测如何？投资的主要风险是什么？估值多少？融资多少？转让多少股份？融资的主要用途是什么？

第三章
创业必知"六胜""六败"

一、创业必知之六胜原则

围绕立于不败的核心思想,《孙子兵法》提出了六胜的作战原则,即以谋算为特征的先胜原则,以效率为导向的全胜原则,以实力为导向的易胜原则,以迭代为导向的奇胜原则,以杠杆为导向的势胜原则,以结果为导向的速胜原则。创业者也应尽可能遵循六胜原则,从而更好地把握创业成功的机会,提升创业成功的概率。

1. 先胜（谋算）：知己知彼，运筹帷幄

《孙子兵法》的核心思想是立于不败，最高目标是不战而胜，指导思想是先胜后战、不胜不战、速战速决、一战而定，基本策略是以迂为直、以患为利、胜于拙胜，实战手段是避实击虚、以多胜少、胜于易胜。或者换句话说，是以立于不败为基础，以不战而胜为目标，以先胜后战、不胜不战、速战速决、一战而定为指导，以以迂为直、以患为利、胜于拙胜为策略，以避实击虚、以多胜少、胜于易胜为手段。

因此在战争之前，必须先准确计算战争的胜败，在谋取必胜或者战争无法避免时的最高胜算后，才能投入战争。当没有必胜或最高胜算时，就必须尽可能地避免战争，努力创造获胜的条件，耐心等待胜机的出现。

准确计算战争胜败的前提条件是知己知彼、知天知地。只有掌握敌我双方战争胜败的各种因素的准确情报，才可能准确地计算出战争胜败的概率。

所以《孙子兵法》说："昔之善战者，先为不可胜，以待敌之可胜。不可胜在己，可胜在敌。……故善战者，立于不败之地，而不失敌之败也。是故胜兵先胜而后求战，败兵先战而后求胜。"

对于有志于创业的人来说，必须对市场的残酷和创业的艰难有清醒充分的认识，先认真谋算创业的成败，准确计算成功的概率，如果创业的条件不具备就努力

创造条件，如果创业时机不成熟就耐心地等待时机的
到来。

那么怎么计算战争的胜败呢？

《孙子兵法》说："夫未战而庙算胜者，得算多也；
未战而庙算不胜者，得算少也。多算胜少算不胜，而
况于无算乎！吾以此观之，胜负见矣。"

"故知胜有五：知可以与战不可以与战者胜，识众
寡之用者胜，上下同欲者胜，以虞待不虞者胜，将能而
君不御者胜。此五者，知胜之道也。故曰：知彼知己，
百战不殆；不知彼而知己，一胜一负；不知彼，不知
己，每战必败。"

"知吾卒之可以击，而不知敌之不可击，胜之半也；
知敌之可击，而不知吾卒之不可以击，胜之半也；知敌
之可击，知吾卒之可以击，而不知地形之不可以战，胜
之半也。故知兵者，动而不迷，举而不穷。故曰：知彼
知己，胜乃不殆；知天知地，胜乃可全。"

对于创业者来说，同样必须对创业五事谙熟于心，
对自己的竞争优劣势和整个市场的竞争态势（包括竞争
对手的情况）了然于胸，然后再对创业五事和全市场竞
争态势进行全方位的考察和比较，来估算创业的成败和
风险。多算胜少算，少算胜无算，对创业五事反复地谋
算迭代，对市场竞争态势反复地考察和比较，从而最大
程度地提升创业成功的概率，降低创业的风险。

怎么做到知己知彼、知天知地呢？

《孙子兵法》说："不知敌之情者，不仁之至也，非人之将也，非主之佐也，非胜之主也。故明君贤将，所以动而胜人，成功出于众者，先知也。先知者，不可取于鬼神，不可象于事，不可验于度，必取于人，知敌之情者也。……故三军之事，莫亲于间，赏莫厚于间，事莫密于间，非圣智不能用间，非仁义不能使间，非微妙不能得间之实。微哉微哉！无所不用间也。……凡军之所欲击，城之所欲攻，人之所欲杀，必先知其守将、左右、谒者，门者、舍人之姓名，令吾间必索知之。"

孙子特别重视情报工作，将情报工作提升到"不知敌情者，不仁之至也"的高度。要先胜，必须先知，先知的唯一渠道是从"知敌之情者"那里得到准确可靠的一手情报。孙子也特别重视间谍的作用，提出"三军之事莫亲于间，赏莫厚于间，事莫密于间"。孙子对情报的翔实程度、情报的细节也非常重视，不光是守将，连左右、谒者、门者、舍人之姓名，都要"令吾间必索知之"。

前文提到过刘邦遣韩信、曹参、灌婴击魏豹的例子，从这个例子可以看出，作为主帅，刘邦不仅对自己手下的人员熟悉，对敌军上下各个兵将领的背景、军事能力、性格特征，甚至个人爱好也都很了解，这样做他才做到了每战都胜卷在握。

对"左右、谒者、门者、舍人"的了解也很重要。比如，民国时期，戴笠要除掉伪上海市市长傅筱庵，通过谁呢？就是通过他最亲信的，跟了他几十年的厨师朱升源。朱升源趁他在虹口官邸熟睡之际，用菜刀把他的脑袋砍了下来。所以要重视大人物身边地位低的人，有时候这些人也能办大事。

反过来，作为将领也要重视自己身边地位低的人，否则可能坏大事。春秋时宋、郑两国交战，宋军主将华元煮了一锅羊汤，和部下们一起其乐融融分着吃了，但是忘了分给他的车夫。车夫流了一夜口水，也流了一夜怨恨的眼泪。第二天上战场，还没有下令出战，车夫二话不说，突然驾着车猛冲，单车径直冲进敌军阵里，华元就被俘虏了。

2. 全胜（效率）：全知全争，不战而胜

《孙子兵法》说："夫用兵之法，全国为上，破国次之；全军为上，破军次之；全旅为上，破旅次之；全卒为上，破卒次之；全伍为上，破伍次之。是故百战百胜，非善之善者也；不战而屈人之兵，善之善者也。

故上兵伐谋，其次伐交，其次伐兵，其下攻城。攻城之法，为不得已。修橹轒辒，具器械，三月而后成；距堙，又三月而后已。将不胜其忿而蚁附之，杀士卒三分之一，而城不拔者，此攻之灾也。

故善用兵者，屈人之兵而非战也，拔人之城而非攻也，毁人之国而非久也，必以全争于天下，故兵不顿而利可全，此谋攻之法也。"

军事是政治的延续，战争的终极目的不是军事胜利，而是为了获得国家利益。孙子全胜的思想是以最小的代价获得最大的利益。

但凡战争都要付出代价，都会造成破坏，所以百战百胜不如不战而胜。但凡战争都有失败的风险，所以百战百胜一方面难以得到保证，另一方面，若百战还没解决问题，说明效率太低，所以不如速战速胜、一战而定、毕其功于一役。因此孙子强调非战、非攻、非久。

从某个角度讲，百战百胜甚至十分危险。《绎史》卷一百一中讲了这样一个故事：魏文侯问里克："吴之所以亡者何也？"对曰："数战数胜。"文侯曰："数战数胜，国之福也，其所以亡，何也？"里克曰："数战则民疲，数胜则主骄。以骄主治疲民，此其所以亡也。"名将吴起也在兵法中说："然战胜易，守胜难。故曰，天下战国，五胜者祸，四胜者弊，三胜者霸，二胜者王，一胜者帝。是以数胜得天下者稀，以亡者众。"

这就是孙子所说的"夫兵久而国利者，未之有也。故不尽知用兵之害者，则不能尽知用兵之利也。"历史上有不少好大喜功的君主，因为穷兵黩武、连年征战，给国家民族造成巨大危害，甚至导致国破家亡。汉武帝、隋炀帝都是这方面的例子，一个最后下罪己诏，一个身死国灭。

对于创业者来说，全胜的思想首先指导我们创业必须以效率为导向，必须专注，将有限的资源用在刀刃上，单点打透做到极致，做到最高效率和水平，做到竞争者一看就失去信心放弃竞争，不战而屈人之兵，从而构建强大核心竞争力和护城河。

战略上必须聚焦，切忌在几条战线几个战场同时作战。创业者常见的问题是，觉得这个好像能干，能挣钱，不干可惜；那个也能干，也挣钱，不干也可惜，时间一长，企业就成了杂货铺，产品一大堆，效率水平都一般般，缺乏核心竞争力，只能在竞争的红海中沉浮。

苹果公司在1997年乔布斯回归后的二次辉煌，就得益于战略上的聚焦。乔布斯的一个过人之处是知道如何做到专注。"决定不做什么跟决定做什么同样重要。"他说，"对公司来说是这样，对产品来说也是这样。"

一回到苹果，乔布斯就开始在工作中应用他的专注原则。他任命一个年轻的沃顿商学院毕业生从事产品评估，结果显示苹果的产品线十分不集中。公司在官僚作风的驱动下对每个产品炮制出若干版本，去满足零售商的奇思怪想。于是他开始大刀阔斧地砍掉不同的型号和产品，很快就砍掉了70%。但这还远远不够，几个星期之后，在一次大型产品战略会议上，乔布斯在白板上画了一个方形四格表，在表格两列的顶端写上"消费级"和"专业级"，在两行的标题处写上"台式"和"便携"。他说，苹果的工作就是做四个伟大的产品，每格一个。此后，苹果退出了其他业务领域，包括打印机和服务器。

乔布斯作出最高调的决定，就是彻底地扼杀牛顿项目，就是那个带有不错的手写识别系统的个人数字助理。乔布斯后来这样描述这个决定："如果苹果当时的处境没有那么危险，我可能会钻进去研究怎么改进它。停掉它，我就解放了一些优秀的工程师，他们可以去开发新的移动设备。最终我们走对了路，做出了 iPhone 和 iPad。"这种专注的能力拯救了苹果。在他回归的第一年，乔布斯裁掉了 3000 多人，扭转了公司的财务状况，使苹果再次走向辉煌。

从面对的风险来看，伐谋、伐交、伐兵、攻城相比较，风险越来越高；从付出的代价来看，伐谋、伐交、伐兵、攻城相比较，代价越来越大；从造成的破坏来看，伐谋、伐交、伐兵、攻城相比较，破坏越来越大，所以，伐谋是风险最小、代价最小、破坏最小的，攻城是风险最大、代价最大、破坏最大的。所以孙子说上兵伐谋，其次伐交，其次伐兵，其下攻城。

伐谋伐交的目的是什么呢？无疑是不战而胜，是非战、非攻、非久，是全国、全军、全旅、全卒，是全胜或者创造全胜的条件。所以孙子说谋攻之法，是非战、非攻、非久，是必以全争于天下，兵不顿而利可全（争取全胜，谋取全利）。

伐谋伐交是全胜的首要手段，伐兵攻城是不得已而为之的局部辅助手段（以局部的破胜争取全局的全胜）。伐谋伐交的目标是敌我双方的妥协，是从对抗思维向合作思维的转变，是合作和共赢。战争本身并不是目的，而只是获取利益的手段，如果能够通过伐谋伐交而找到更好的利益平衡，找到双方共赢的方案，就能避免战争、避免破胜、避免两败俱伤，实现不战而胜和全胜。全胜不是单方的全胜，而是双方乃至多方的全胜。

伐谋伐交在苹果公司重返巅峰的征程中也发挥了重要的作用。首先，战略聚焦本身就是伐谋的重要内容，其次，与宿敌微软化敌为友，也是乔布斯伐谋和伐交的高招。在 1997 年 8 月的 Macworld 大会上，苹果的 5000 个忠实粉丝见证了乔布斯的英雄归来。在演讲即将结束时，乔布斯停顿了一下，喝了口水，用平缓些的语气说："苹果生存在一个生态系统里，它需要其他伙伴的帮助。在这个行业里，破坏性的关系对谁都没有好处。"为了渲染效果，他又停顿了一下，然后解释道："我要宣布我们今天新的合作伙伴之一，是一个意义重大的合作伙伴，它就是微软。"微软和苹果的标志同时出现在屏幕上，观众惊呆了。苹果和微软已经在各种版权和专利问题上争斗了 10 年，最令人瞩目的就是微软是否剽窃了苹果用户界面的外观和感觉。乔布斯试图用一段即兴演讲来安抚观众。"如果我们想进步并看到苹果好起来，我们必须放弃一些东西。"他对听众说，"我们必须放弃这种'如果微软赢苹果就必须输'的观念。"微软的公告加上乔布斯的激情回归，给苹果打了一针强心剂。当天的交易结束时，苹果公司的股价飙升，涨幅达 33%，是前任 CEO 阿梅里奥辞职当天股价的两倍。这一天的股价暴涨使苹果公司的市值增加了 8.3 亿美元。股票的暴涨将苹果公司从死亡线上拉了回来。

在今天这个生态化的商业时代，合作和共赢成为基本的商业逻辑。在资本的催化下，并购成为商业生态发展的重要手段，也成为企业之间实现全胜的重要路径。在商业生态中，每一家公司都能够更加专注于自身核心竞争力的打磨，形成生态内部高度的差异化和分工，并相互之间交换资源，形成协作，从而共同创造出巨大价值，实现共赢。

所以对于今天的创业者来说，面对越来越发达的资本市场，面对越来越强大的商业生态，如何借助资本和生态的力量，最大程度地发挥自身的核心优势，与资本合体，融入生态之中，如何伐谋伐交实现全胜，是创业者需要思考的重要战略问题。

3. 易胜（实力）：虚实多少，迂直患利

《孙子兵法》说："战胜而天下曰善，非善之善者也。……古之所谓善战者，胜于易胜者也。故善战者之胜也，无智名，无勇功，故其战胜不忒。不忒者，其所措胜，胜已败者也。……故胜兵若以镒称铢，败兵若以铢称镒。"（一镒等于 24 两，一两等于 24 铢，一镒等于 576 铢）

孙子特别强调要胜于易胜，因为这样的胜利没有差错，不存在丝毫侥幸，甚至是胜已败之敌，是看见敌人已经失败了才开打。能够做到以最小的代价获得最大的胜利的人，孙子称之为善战者。所以，真正善战的人很难成为"名将"。名将是什么呢？名将是能打赢不可能打赢的仗的人，所以一战成名。以武松打虎为例，用各种陷阱、刀剑、围猎打死老虎的人实在太多了，所以根本不值得一提，没人知道他们的名字。虽然这种方法是人战胜老虎等猛兽的正道和标准战法。但醉酒后单人徒手打死老虎的太少了，所以武松可以千古留名，尽管这根本不是人战胜老虎的正道，没有供人类一代代学习复制传承的价值。

在孙子看来，真正善战的人不打准备不充分的仗，而是打按部就班的仗，因此一点差错都没有，也一点都不精彩。孙子对"打赢不可能打赢"的胜利并不欣赏，认为其"非善之善者也"，因为这样的胜利不是必然，

与胜于易胜相比较，面临的风险和付出的代价都很大。

这是孙子一贯的思想，即战争只是手段不是目的。他认为以最小的代价、最小的风险获得最大的利益，才是战争追求的最高目标，才是评判战争高下的唯一标准。

胜于易胜的标准打法是以多胜少，所以《孙子兵法》说："故用兵之法，十则围之，五则攻之，倍则分之，敌则能战之，少则能逃之，不若则能避之。故小敌之坚，大敌之擒也。"这句话的意思是有绝对优势、十倍优势就包围敌人，争取不战而胜；有五倍优势就进攻，争取一战成功；没有绝对优势，只有两倍优势就"分之"，让敌人分兵，创造局部绝对优势，从而各个击破；兵力相当，两军遭遇，敌得住就战之，敌不住或者比敌方兵力少就逃之夭夭，否则就会成为强大敌人的俘虏。这里整体上说的还是如何根据敌我双方不同的力量对比，如何以最小的代价、最小的风险获取最大的利益。

集中绝对优势兵力单点突破以多胜少，是胜于易胜，是以最小代价、最小风险获取最大胜利的标准打法。对于创业企业来说，由于资源有限，更加需要聚焦，不仅战略上要聚焦，战术上也要聚焦。谋定而动，没有胜算就不做，要做就集中绝对优势的资源，单点打透，做到极致。处处分兵，"撒胡椒面"是创业企业的常见问题，结果就是贪多嚼不烂。所以，必须不断思索自己最擅长做什么，企业最有发展前途的方向是什么，然后集中绝对优势资源打造企业核心竞争力。

中国式众筹的领军人物北大校友杨勇在众筹设计时非常重视易胜的思想，提出"大钱办小事"，即筹十倍的资去做一倍的事，这样无疑可使创业的成功率大为提升。比如北大 1898 咖啡馆众筹时，共募集了超过 800 万元的资金，去完成一个至少 3 年不倒闭的创业承诺。

胜于易胜的标准策略是避实击虚，从而创造出以多胜少的条件。所以《孙子兵法》说："兵之所加，如以碬投卵者，虚实是也。……故善战者，致人而不致于人。……出其所不趋，趋其所不意。行千里而不劳者，行于无人之地也；攻而必取者，攻其所不守也。守而必固者，守其所不攻也。故善攻者，敌不知其所守；善守者，敌不知其所攻。……进而不可御者，冲其虚也；退而不可追者，速而不可及也。……故形人而我无形，则我专而敌分。我专为一，敌分为十，是以十攻其一也，则我众敌寡。……夫兵形象水，水之形避高而趋下，兵之形避实而击虚；水因地而制流，兵因敌而制胜。"这些讲的都是如何主动掌握战场（致人而不致于人），让敌人虚实暴露（形人），让自己虚实隐藏（我无形），从而创造避实击虚、以多胜少、胜于易胜的条件。

对于创业来说，信息情报和保密工作都非常重要，如果能够将竞争对手的虚实掌握得一清二楚，而又不让竞争对手掌握自己的虚实，就能在竞争之中避实击虚、扬长避短，进攻则让对手不知在何处防守，防守则让对手不知在何处进攻，这样就掌握了竞争的主动权。

对于创业者来说，最好的创业领域是未来的蓝海市场，是行于无人之地，没有竞争对手之时。所以，创业必须避免和巨头们发生正面冲突，应该攻其所不守，守其所不攻，在巨头们无心恋战或者无暇顾及的细分市场寻找机会。今天的创业者要想成长为未来的巨头，就必须研究今日巨头的虚实。今日巨头的实就是传统市场强大的实力，虚则是未来颠覆传统市场的新技术、新产品、新业态、新模式，太多的巨头因为无比巨大的既得利益无法自我革命，看不到更不愿看到这样的新机遇，最终被历史的潮流所淘汰。昔日的巨头是这样成长起来的，未来的巨头也必将这样诞生。

易胜的本质是拙胜，是战略和战术的勤奋。

《孙子兵法》说的"多算胜少算不胜""故善战者，立于不败之地，而不失敌之败也""上兵伐谋，其次伐交""是故胜兵先胜而后求战，败兵先战而后求胜""知彼知己，胜乃不殆；知天知地，胜乃可全""致人而不致于人""形人而我无形"，这些讲的都是战略上的勤奋。

《孙子兵法》说："军争之难者，以迂为直，以患为利。故迂其途而诱之以利，后人发，先人至，此知迂直之计者也。……故其疾如风,其徐如林,侵掠如火,不动如山,难知如阴,动如雷震。……故用兵之法,无恃其不来,恃吾有以待之;无恃其不攻,恃吾有所不可攻也。……地形有通者,有挂者,有支者,有隘者,有险者,有远者。……凡此六者,地之道也,将之至任,不可不察。故兵有走者,有弛者,有陷者,有崩者,有乱者,有北者。……凡此六者,败之道也,将之至任,不可不察也。"这些讲的都是战术上的勤奋。

拙胜为易胜创造前提条件,是易胜的基础,易胜是拙胜的目标和结果。拙胜就是在核心竞争力上老老实实地干体力活,付出百倍的努力与汗水。

华为的成功是拙胜。2022 年 3 月,华为在其官方网站发布年报称,2021 年实现全球销售收入 6368 亿元,约合 998.9 亿美元,同比下降 28.6%;净利润 1137 亿元,约合 178.4 亿美元,同比增长 75.9%。华为自 2013 年销售收入超过爱立信后,成为全球电信第一品牌,双方差距逐渐拉大。作为对比,爱立信 2021 年实现销售额约 255.8 亿美元,净利润约 25.3 亿美元。

华为的成功,与其长期以来在核心竞争力领域的巨大投入是分不开的,是胜于拙胜。华为在研发领域的投入不断加大,研发资金与营收之比逐年提高,从过去的 10%,已经提高至 2021 年的 22.4%,约 1427 亿元,研发投入跻身全球前五。截至 2021 年年底,华为在全球共持有有效授权专利 4.5 万余族（超 11 万余件）。

华为的拙胜源于对未来技术不计成本的投入。2011 年至 2021 年，华为在研发上共计投入 8450 亿元，这让华为成为一家拥有无数尖端科技的企业。华为的麒麟芯片，一定程度上缓解了中国信息产业"缺芯少魂"的尴尬局面，并被大量应用于华为的高端手机中，其性能处于行业领先位置。但其中的艰辛鲜有人知，华为为此耗费的人力、财力更是惊人的。华为从 1991 年便成立了 ASIC 设计中心，但足足等了 22 年，ASIC 设计中心研制的麒麟 910 芯片才开始规模商用。

华为还自研了鸿蒙(Harmony)操作系统。正因如此，华为才能不惧以美国为首的西方国家自 2018 年以来的全面打压。相比美国全面打压之前的 2017 年，2021 年华为销售收入从 6036 亿元增长到 6368 亿元，销售收入的涨幅并不是太高，净利润从 474.5 亿元增长到 1137 亿元，净利润增长了 139.6%。事实上，从 2017 年到 2020 年，华为的销售额和净利润均保持增长。只是从 2021 年起华为开始进行战略调整，放弃了利润率低的部分市场，聚焦于高利润率的市场，这样做虽然导致 2021 年的销售额同比锐减，但 2021 年的利润却同比巨幅增长，具体数据见表 3-1。

表 3-1　华为 2017—2021 年主要财务数据

项目	2021		2020	2019	2018	2017
	（亿美元）	（亿元人民币）	（亿元人民币）			
销售收入	998.9	6368.1	8913.7	8588.3	7212.0	6036.2
营业利润	190.4	1214.1	725.0	778.4	732.9	563.8
营业利润率	19.1%	19.1%	8.1%	9.1%	10.2%	9.3%
净利润	178.4	1137.2	646.5	626.6	593.5	474.5
经营活动现金流	93.6	596.7	352.2	913.8	746.6	963.4
现金与短期投资	653.0	4163.3	3573.7	3710.4	2658.6	1999.4
运营资本	591.2	3769.2	2990.6	2576.4	1708.6	1185.0
总资产	1541.8	9829.7	8768.5	8586.6	6657.9	5052.3
总借款	274.7	1751.0	1418.1	1121.6	699.4	399.3
所有者权益	650.4	4146.5	3304.1	2955.4	2330.7	1756.2
资产负债率	57.8%	57.8%	62.3%	65.6%	65.0%	65.2%

华为在 ICT 的热点前沿技术上取得了领先，拥有很多"黑科技"。华为在人工智能、未来数据中心、5G 技术、电池极速充电技术、全光交换设备等众多领域，成为行业的领跑者。以人工智能为例，华为研究出了业界最先进的神经应答机，发明了神经机器翻译技术。

4. 奇胜（迭代）：奇正相生，因敌变化

《孙子兵法》说："三军之众，可使必受敌而无败者，奇正是也；兵之所加，如以碬投卵者，虚实是也。凡战

者，以正合，以奇胜。故善出奇者，无穷如天地，不竭如江海。终而复始，日月是也；死而更生，四时是也。声不过五，五声之变，不可胜听也；色不过五，五色之变，不可胜观也；味不过五，五味之变，不可胜尝也；战势不过奇正，奇正之变，不可胜穷也。奇正相生，如循环之无端，孰能穷之哉！"

"以正合，以奇胜"通常被人们误解为出奇（qí）制胜。曹操注解说："先出合战为正，后出为奇"。"正奇"是一个先后概念，即不要一下子把所有的牌都打出去，要留一张在手上，到关键的时候再打出去。

所以"以正合，以奇胜"兵法上的原意是，在以正兵出击与敌人交战的时候，永远要储备一支乃至数支未出击的兵力，就是奇（jī）兵。奇兵深藏不露，蓄势待发，一旦创造或发现胜机（敌人之虚），就可以雷霆之势攻敌之虚，迅速打乱敌人的部署。在这个过程中，敌人的虚实不断变化，我方的奇正也因敌转化，不断出奇攻虚，始终占据战争的主动权，进可攻，退可全。所以说必受敌而无败。所以不是出奇（qí）制胜，而是出奇（jī）制胜，是制胜出奇（jī），在胜机出现时（见虚）再出奇（jī）兵击虚制胜。这是孙子一贯拥有的先胜后战的思想，虽然也是出其不意、攻其无备，但这是战法上的排兵布阵，并不是奇袭得胜。

对"正"和"奇"的理解应是：已出为正，未出为奇；

已形（暴露）为正，未形（暴露）为奇；出正合战，出奇击虚；因敌虚实，奇正变化。

《孙子兵法》说："夫兵形象水，水之形避高而趋下，兵之形避实而击虚。水因地而制流，兵因敌而制胜。故兵无常势，水无常形，能因敌变化而制胜者，谓之神。"兵法的奥妙就在因敌变化，避实击虚。

但通常敌人的虚实是难以知道的，往往是在战争的过程中暴露出来的。在战争之初一般并没有我方可以进攻的破绽（可击之虚），要通过谋算在战争之中有效地调动敌方，从而创造出敌方的破绽或是可击之虚。但是如果这时候没有可用之兵，"敌虚"虽在却无兵可击或者无兵能击，那么此刻敌方就不是真正的"虚"。这也是敌方之所以敢于弄虚、敢于示虚、敢于冒险的原因，因为他们不认为我方还有能击虚之兵，认为我方无可奈何。此时只有我方还有能击虚之奇兵，敌方之虚才是真虚。虽然出奇也必定是出其不意，攻其不备，但这只是我方有击虚机会的必要条件，并不是充分条件，我方还必须有能击虚之奇兵，才是充分条件。

比如拳击，左拳右拳就是一正一奇，拳击高手刚开始双拳总是先放置于身前保护自己（立于不败），伺机（有利时机，先胜后战）先出一拳比如说左拳（正兵）试探对方的虚实，在攻击中不断寻找对方的破绽（虚处），找到破绽就出右拳（奇兵）攻击，同时收回左拳。

右拳未打出去之前是奇兵，打出去之后就成了正兵，左拳打出去时是正兵，收回来又成为奇兵，随时待命准备再次击虚，再次奇正变化。拳击过程，就是一个奇正持续相生相变的过程。拳击高手绝不会双拳齐出，也不会使出全身的力量孤注一掷，否则将是门户大开，浑身都是破绽（虚处），一旦一击不中，就处于全面挨打的必败困境。

对于创业来说，出奇制胜的思想首先就是迭代思维。美国芝加哥大学教授、诺贝尔经济学奖获得者科斯说："市场经济是建立在两个深厚的认知基础上：承认无知和包容不确定性。"著名天使投资人吴世春也有一个深刻看法，他认为当今世界已经从工业时代进入互联网时代，从牛顿的经典力学时代进入量子时代，时代特征从决定论、因果论（简单因果论）、机械论和还原论，已经演变为概率论、不可知论（复杂因果论）、整体论和自组织论。在工业时代，我们最重要的假设是知道用户的问题、解决方案和产品是什么，主要任务就是去解决之前认定的需求。在互联网时代，不可知才是常态，大部分情况是我们自以为知道，但实际上我们对用户和市场的了解很可能是错的。承认不可知论是今天创业的前提。就像在牛顿经典力学的宏观世界里，我确定知道这个事物的存在；但在量子世界里，占主导地位的是不可知论。热力学和相对论以及量子力学，都源于发现了不可知论，最后才提出了波粒二象性。这个物质是波还是粒子，取决于你此时的观察，取决于你此时全新的认知。

在互联网时代用户和市场不可知（很难准确把握，同时消费者的需求也在快速变化）的前提下，创业更加需要有奇正思维，也就是迭代思维。首先，要迅速推出一款产品（正兵）让消费者体验，接着去发现消费者最不满意最希望改进的地方（产品和用户之虚、痛点），研发设计新一代产品（出奇击虚），然后再迅速向市场推出新一代产品（奇兵转化为新的正兵），之后不断重复这一过程，反复迭代，使奇正相生相变。

迭代思维的核心，一是快速满足消费者的主要需求，抢占市场；二是快速适应消费者不断上升、不断变化、无止境的需求；三是快速适应现代科技和商业思维的发展，从而适应激烈的市场竞争。

在迭代思维下，产品的研发、设计、生产、制造流程和资源分配将完全不同于工业时代"一款产品包打天下"的情况，用户思维和用户参与将成为关键要素。

奇正思想其次要求创业者不能打光底牌，任何时候都要有战略预备力量，这样关键时刻才能出奇制胜，特别是在资金、技术、人才等方面。

资金方面，在 CBinsights 所分析的 141 家创业失败的公司之中，因为资金链断裂而创业失败的公司占到

25%，排名十大致败因素之首。

技术储备也同样重要，好的策略是生产一代、储备一代、研发一代，这样面对山寨产品和消费者审美疲劳的时候，总有奇兵可用，总能出奇制胜。

人才储备更加重要，在公司关键的岗位上，必须有奇兵，有备用人才，这也是人事组织制度上为什么都采用正副（奇）制的原因。人才的培养和储备对于快速扩张的创业企业尤其重要。

5. 延伸阅读：生命进化与精益创业

生命是如何进化的？生命进化对创业有什么启示？这两者是风马牛不相及，还是有共同的逻辑？

创业无疑可以看成是创业企业这个生命体的成长和进化过程。从 0 到 1，再从 1 到 N，在这个过程中，大量的创业企业因无法适应环境变化而被淘汰，只有少数的创业企业能坚持下来。

这些坚持下来的创业企业为什么能坚持下来呢？它们是如何在充满不确定性的丛林中突围而出的呢？

这就正如物种的进化，留存下来的物种是如何在冷酷而且变化无穷的自然环境中杀出一条血路的呢？

其秘诀就是基因突变，其实质就是通过无穷次的试错，科学地试错，然后通过自然选择、适者生存的考验存活下来。

在这一过程中，错误的试错无疑带来了种种疾病。但如果没有这种试错，生命就永远不能进化，就永远停留在初级阶段。

基因的突变有几个特点。首先，它有点像头脑风暴，即突变的方向完全不受控制，基本上遍历了所有的可能。这个突变是不是有利的方向，那就得交给自然选择去甄别了。

其次，基因的每次突变都是小范围的，不会导致生命个体的崩溃，或者说基因只可进行渐进式的改良。

这个过程与硅谷的精益创业模式何其类似！所谓精益创业，简单说就是在以不确定、不可知为基本特征的量子时代，以最小可行产品（Minimum Viable Product，MVP）进行科学试错，在前进的过程中不断地进行迭代。

我们今天看到的许多成功的产品和企业，无不如此。例如，微信刚开始只有免费发短信这一核心功能，从 1.0.0 迭代到 2022 年的 8.0.30，中间浸透了相关工作人员无数的心血。

再如，非常有创新精神的谷歌公司有个著名的创新九原则。其中第一个原则就是创新无所不在。自顶向下也好，自底向上也罢，创新可以来自任何地方，甚至是在你最想不到的地方，例如，一位给谷歌员工看病的医生指出谷歌有责任帮助那些搜索"如何自杀"的人。这番话令谷歌公司调整了相关搜索结果的显示，使得当用户搜索"如何自杀"时屏幕顶端会显示出美国预防自杀热线的电话号码，此后的一段时间美国预防自杀热线的拨打数量就增加了9%，后来许多国家在搜索引擎领域都进行了类似调整。

第五个原则是交付、迭代，不要等到一切皆完美，要早交付，多交付，让用户帮你"升级"。2008年 Chrome 发布后，每6周谷歌公司就会推出一个改进版。"现在 Chrome 用这种办法已经在许多国家攀上了浏览器 No.1 的位置。"谷歌的首席社会布道师 Gopi Kallayil 说，他还说："你的产品也许并不完美，但请相信，用户会把完美还给你的。"

第八个原则是"失败是好事"，失败不应该背负污名。如果你不怎么失败，说明你的尝试还不够多。在谷歌公司，只要产品无法发挥出最大潜力就会被扫地出门，但公司会从中择取最好的功能。Kallayil 说："实际上，失败是一种荣耀。"他还解释说："失败是通往创新和成功之路。你可以自豪地失败。"

谷歌公司非常善于利用失败和混乱快速地推出大量创新产品，这些产品可能并不完美，但谷歌公司会让市场来进行选择，因为这样的创新成本是最低的。

在充满不确定性的丛林中，犯错是必然的，找到从0到1的那条生存之路的唯一方法就是科学试错。对于生命进化来说如此，对于创业来说也是如此。

6. 势胜（杠杆）：度势造势，顺势任势

《孙子兵法》说："激水之疾，至于漂石者，势也；鸷鸟之疾，至于毁折者，节也。故善战者，其势险，其节短。势如彍弩，节如发机。……治乱，数也。勇怯，势也。强弱，形也。……故善战者，求之于势，不责于人，故能择人而任势。任势者，其战人也，如转木石。木石之性，安则静，危则动，方则止，圆则行。故善战人之势，如转圆石于千仞之山者，势也。"

孙子关于"势"的思想对创业者的启迪主要有以下几个方面。一是顺其自然。所谓任势，曹操的注解是"任自然势"。二是要发现、创造并利用如激水、鸷鸟这样"其势险、其节短"的"善战者之势"。三是用人要顺其自然之本性，如转木石，要把对的人放到对的地方。四是要发现、创造并利用如转圆石于千仞之山这样的"善战人之势"。五是优秀的领导，求之于势，不责于人，要能够造好势、用好势，选对人、用对人。

我们通常说时势造英雄，为什么？时势就是潮流，英雄是顺时势而为者，就是顺流而下者，潮流越大、越急、越持久，顺时势而为者的成就就越大，同时面对的风险和付出的代价就越小。以最小风险、最小代价获取最大收益，正是孙子一以贯之的思想。

孙正义在其"孙孙兵法"中有五个字"一流攻守群"，其中的"流"字就指要顺应潮流。

老子说："吾有三宝，一曰慈，二曰俭，三曰不敢为天下先。"老子为何不敢为天下先？为天下先实际上是要引领潮流，而引领潮流的风险很大，不仅要面对能否战胜未知的挑战，还要想办法让天下人跟随这个潮流。引领潮流的代价很大，需要付出非比寻常的努力，引领潮流者将大量的资源消耗在引领潮流上，即使面对胜利的果实往往也难以全面收割，很多时候会为他人做嫁衣。这显然不符合以最小风险、最小代价获取最大收益的基本原则。所以正确的做法是审时度势、顺势而为，是先观察并识别潮流，再顺潮流而为，则可事半功倍。

什么是势？势就是事物的天性、事物的本性，就是事物发展的必然趋势。所谓因势利导、顺势而为，就是按照和利用事物的天性、事物的本性、事物发展的必然趋势去做事。所以，创业还要对势，也就是事物的天性、本性和发展的必然趋势有一定的认识和判断。这是非常考验人的智慧和眼光的。

以儿童教育为例，我们常说要因势利导，但实际上很多教育者和家长对势的认识，也就是对儿童的天性和本性的认识是不足的，因此很多人并不能真正做到因势利导。儿童天生有极其强烈的好奇心和好胜心，如果我们能巧妙地加以引导和利用，就能轻松地处理很多看似棘手的问题。比如当儿童哭闹时，就可以利用他的好奇心转移他的注意力，达到让他破涕为笑的效果。比如当儿童不喜欢刷牙，不愿意张开嘴时，就可以和他比赛谁嘴巴张得更大、时间更长，而且还让他赢，他就会乐此不疲。

这就是陶行知先生说的，教育一定要变"要他做"为"他要做"，这就必须对势，也就是被教育者的天性和本性有清楚的认识，并巧妙地加以利用。

陶行知有次在武汉大学演讲时，特意带去了一只公鸡和一把米。一开始，他将米放在一只手的手心，用另一只手按着公鸡强迫他吃米，结果公鸡受了惊吓，不仅不吃米，还扑棱着翅膀乱飞。而之后，陶行知将米随手撒在讲台上，远离公鸡不去管它，公鸡却主动跑去啄起了米。就在台下的观众一头雾水的时候，陶先生说："我认为，教育就像喂鸡一样。先生强迫学生去学习，把知识硬灌给他，他是不情愿学的。但是如果让他自由地去学习，充分发挥他的主观能动性，那效果一定好得多！"在这里，无论是鸡吃米还是学生学习，如果违背事物的天性，一定没效果，如果顺应事物的天性，才会有好效果。

孙正义曾经说过，他之所以成功，就是因为在 20世纪 90 年代看到了"互联网兴起"是这个时代发展的必然趋势。事实上，历史上所有伟大的企业家能成功，都是因为他们看到并顺应了时代的发展趋势，都是时代造就的。纺织时代、电气时代、汽车时代、钢铁时代、石油时代、PC时代、互联网时代、移动互联网时代都造就了各自的时代巨头。

再以二级市场投资为例，绝大多数投资者总希望能够买到最低点，卖到最高点，这实际上是要求自己引领市场（买到最低点，意味着你一买入，大家都跟着买入，市场转而向上；卖到最高点，同样意味着你一卖出，大家都跟着卖出，市场转而向下），战胜市场，这对于普通投资者来说是不可能的，即使偶尔做到，也只是买彩票中奖的小概率事件。聪明的投资者也是顺势而为，先观察市场大势，再顺应市场大势而为，这样做时，风险将大为降低，成功的概率和收益将大为提高。

组织具有巨大的势能，"尧为匹夫不能治三人；而桀为天子能乱天下"说的就是这个道理。曹操"挟天子以令诸侯"还是这个道理。创业成功同样要善于借助各种组织的力量，善于借势造势。

小米的成功，也得益于雷军善于借势造势。2011年3月，当时还是天使投资人的雷军，正式成为全球移动互联网商务平台"长城会"的中国董事长。长城会囊括了全球移动互联网顶级的企业领袖和公司，为雷军本人和小米带来巨大势能。以长城会北京 2011 年全球移动互联网大会（GMIC）为例，参会的企业领袖包括 DST Global 创始人 Yuri Milner、Gree 企业 CEO 田中良和、联发科董事长蔡明介、千橡互动集团 CEO 陈一舟、腾讯公司 CEO 马化腾、新浪网 CEO 曹国伟、搜狐网 CEO 张朝阳等。另外阿里巴巴、"愤怒的小鸟"开发商芬兰罗维奥公司、"植物大战僵尸"开发商美国宝开游戏公司、Zynga、摩托罗拉等公司在大会上宣布了公司的重要战略。2014 年 GMIC 参会人数达到 15000 人。担任长城会中国董事长的第二年，即 2012 年 10 月 17 日，雷军就长城会之便访问 Facebook 总部，与扎克伯格会谈并讨论即将举行的全球移动互联网大会。雷军也非常善于借助媒体特别是新媒体造势，截至 2023 年年中他在新浪微博的粉丝约有 2279 万人，影响力巨大。小米的期货营销、饥饿营销、手机发布会，都是强力的造势工具，小米从中受益良多。

马云更是造势、借势高手。截至 2023 年年中马云在新浪微博的粉丝数高达 2467 万，马云打造的"双 11 购物节"已经成为每年全球网购狂欢节，2022 年淘宝天猫的双 11 交易额已达 3434 亿元。

当然，马云和雷军借助的最大的势还是互联网时代和移动互联网时代发展的巨大历史潮流。小鸟是靠扑扇自己的翅膀而飞行的，飞得最高的雄鹰则是御风而行，是借助气流翱翔的顶级高手。这一点和企业一样，成功的企业无一不是时代洪流的弄潮儿。

7. 速胜（结果）：趋利避害，速战速决

《孙子兵法》说："其用战也，胜久则钝兵挫锐，攻城则力屈。久暴师则国用不足。夫钝兵挫锐，屈力殚货，则诸侯乘其弊而起，虽有智者，不能善其后矣。故兵闻拙速，未睹巧之久也。夫兵久而国利者，未之有也。故不尽知用兵之害者，则不能尽知用兵之利也。……故兵贵胜，不贵久。"又说："兵之情主速，乘人之不及，由不虞之道，攻其所不戒也。""合于利而动，不合于利而止。"（这一句在《孙子兵法》中出现过两次）

"兵闻拙速""兵贵胜，不贵久""兵之情主速""合于利而动，不合于利而止"，对于今天这个快鱼吃慢鱼的互联网时代的创业者来说尤其有借鉴意义。创业者应以速度和结果为导向快速地开发产品，并根据市场情况趋利避害，合于利则乘胜追击，不合于利则迅速调整，速战速决，快速迭代，不断地推陈出新。

互联网时代是赢家通吃的时代，所以在孙正义的二十五个字的"孙孙兵法"的最初版本中，"一"（即"绝对的第一，第二就是失败"的理念）排在二十五字之首。雷军总结的小米成功七字诀"专注、极致、口碑、快"，也将"快"列为小米制胜的关键因素之一。

有一个在腾讯员工中广为流传的故事：大家某天早上来到公司，发现马化腾凌晨 4 点半发的邮件，总裁在上午 10 点回了邮件，副总裁在上午 10 点半回了邮件，几个总经理在中午 12 点回复了讨论结论，到下午 3 点时已经有了相关的技术方案，晚上 10 点时产品经理已经发出了该项目的详细排期，18 个小时后已经出台了一个新产品的策划。小米手机的操作系统也长期保持一周更新一次的"闪电"迭代速度。苹果的第一次成功靠的也是快和先发优势，当时只有苹果公司生产出了适用于个人的优秀产品，并让"个人电脑"的概念第一次出现在人们的意识之中。

全球最年轻的亿万富豪扎克伯格在 33 岁时坐拥480 亿美元的财富，高居全球富豪榜第六位。扎克伯格的成功，首先要归功于他做事的速度和执行力。

据传，扎克伯格失恋后的当晚便怒敲代码，从晚上10 点敲到次日的凌晨 4 点，在这短短的 6 个小时内就完成大头照对比评分应用 FaceMash 的设计、开发、上线，上线后形成病毒式的传播，进而导致网站流量的异常和哈佛校园网的崩溃。而获得这一切成果的工作都是在短短 6 个小时内完成的。

哈佛的 Winklevoss 兄弟总说扎克伯格剽窃了他们的创意才有了 Facebook。而实际上 Winklevoss 兄弟与扎克伯格最大的差距就是双方做事的速度和执行力。当 Winklevoss 兄弟还在犹豫是否要全身心投入的时候，Facebook 已经启动了。当他们在训练划艇时，Facebook 已经上线了。当他们发出律师函并等待扎克伯格回复时，Facebook 已经进入耶鲁、哥伦比亚和斯坦福。当他们去找哈佛大学校长告状时，Facebook 已经覆盖了 29 所学校，拥有了 7.5 万的注册用户。当他们还在英国参加赛艇比赛时，Facebook 已经成为剑桥、牛津和伦敦商学院的劲爆话题。在扎克伯格疯狂的执行与推动下，Facebook 以病毒式的传播速度在美国的大学校园铺开，然后蔓延到全球的各个角落。

面对"社交网站"这个颠覆性创意，Winklevoss 兄弟迟迟没有动手，而扎克伯格却以最快的速度执行、迭代这个创意。比如，当扎克伯格从同学那得到"社交网站需要展示学生情感关系"（单身、恋爱、婚否）的启示后，他立马赶回寝室增加了这个功能。

在扎克伯格身上，我们感受到的是这样的速度意识：有想法？OK，下一秒立刻去做。有问题？OK，下一秒立刻解决。有更优方案？OK，下一秒立刻进行产品迭代。就是下一秒，甚至连下下一秒、下下下一秒都是晚的。

天下武功唯快不破，决定事业成败的是做事的速度，这是扎克伯格给每一个创业者的深刻启示。

随着现代科技的高速发展，新技术的生命周期越来越短，产品的开发迭代速度越来越快。以智能手机为例，现在主流厂商更新换代的速度基本上是半年出一代产品。而谁能够早一天推出下一代产品，谁就可能在竞争中抢占先机。这就犹如两军对垒，能否早一步抢占到制高点，将成为战争胜负的决定性因素。

《孙子兵法》强调谋定而动，谋的时候要周密、要充分，不怕慢，要做到"其徐如林，不动如山"，一旦谋定，有必胜的把握时，行动起来就要做到"其疾如风，侵掠如火"。

"兵贵拙速"，就是谋划准备要慢，动手执行要快。谋划准备慢，一方面，这有利于隐藏战略意图；另一方面，意图没有暴露，拳头也没有打出去，可以根据敌情随时调整。而一旦开始行动，意图暴露了，拳头也打出去了，这个时候门户大开，是最危险的时候，必须以迅雷不及掩耳之势速战速决，让敌人来不及反应和喘息。

著名的"四快一慢"战术，是对《孙子兵法》"兵贵拙速"的最好注解。

"四快"是指：第一，向敌军前进的速度要快，即进攻时要善于出其不意，长途奔袭，抓住敌军；第二，攻击准备的速度要快，即抓住敌军后，看地形、选突破口、调动兵力、布置火力、构筑工事、战斗动员等做各项准备工作的速度都要快；第三，扩张战果要快，即"单点"突破后，坚决扩张战果，使敌军无法恢复防御；

第四，追击要快，即敌军溃退后，要猛追到底，使敌军无法逃跑和重新组织抵抗。"一慢"是指发起总攻击时的速度要慢。要在查清敌情、地形，选好突破口，布置好兵力、火力，做好准备工作后再发起进攻。

当今时代的创业，我们都希望自己拥有强大的核心竞争力，拥有宽广的护城河，但这对创业者的要求是非常高的。更多的时候，创业者在刚开始创业的时候是没有什么核心竞争力的，也没有护城河，这个时候比拼的就是创业者的速度。创业者要通过快速占领市场的方式来形成核心竞争力和竞争壁垒。

所以我们会看到滴滴、快滴、Uber 的竞争和很多类似的"烧钱"大战。这些企业的商业模式并没有本质的区别，胜负的关键就在于谁能快速占领市场。往日的小米所面对的就是如此局面，在众多的模仿者涌入市场时，大家比拼的就是谁能更快、更多地占领市场。

中小创业企业具有船小好调头、决策链条短、决策过程快的天然优势，在发现和捕捉市场机会方面更加灵活敏锐，更加快捷。但由于研发力量和资金实力薄弱的原因，在产品开发迭代速度和市场推广速度方面就远不是大企业和巨头的对手。那么这些企业要怎么扬长避短呢？一个比较可行的方案是基于生态思维和资本思维，与资本或者巨头携手，弥补自身的不足。

速战速决的最好结果是谋定而动、先胜后战前提下的速战速胜，但战争是一个复杂的系统，影响战争胜败的因素非常多，战场环境的变化又如此迅疾，所以速战速决也包含着一旦战事不利，"不合于利则止"。为将者要有速战速退、保存有生力量、避免全军覆灭的智慧、勇气和果敢。所以巴菲特说投资的秘诀就是保住本金。

创业也是如此，一旦发现决策失败，就要敢于承认错误，迅速撤退，保存有限的创业资源，等待东山再起的时机。

随着移动互联网和资本市场的崛起，中国经济进入到了更深层次的数字化、智能化、外部化、社会化（众筹众包）、资本化、全球化的时代，在这样的背景下，科技创新的节奏和速度越来越快，企业成长的速度也越来越快，指数级的创业时代全面到来。

指数级创业时代是赢家通吃的时代，成长的速度成为决定命运最关键的因素。所以我们屡屡看到竞争双方甚至多方在资本的支持下上演"烧钱"的"好戏"，背后的原因无他，就是谁成长得更快谁就将是最终的胜利者。以下我们通过一个简单的数学推导来予以证明（看懂这个证明需要对数学中的极限运算有一定的了解）。

假定市场中有 n 个竞争公司，每个竞争公司最初的营业收入为 R_a，每个竞争公司的增长速度分别为每年增长

r_i（ i=1,2,……n ），不妨假设 $r_1 > r_2 > \cdots > r_n$ 。

其中公司 k 的增长速度为 r_1，

那么 m 年后，公司 k 的营业收入为： $R_a(1+r_1)^m$，

公司 k 的市场份额为：

$$MS_k = \frac{R_a(1+r_1)^m}{\sum\limits_{i=1}^{n} R_a(1+r_i)^m} ,$$

当竞争时间足够长，即 m 趋于无穷大时，公司 k 的市场份额为：

$$\lim_{m\to\infty} MS_k = \lim_{m\to\infty} \frac{R_a(1+r_1)^m}{\sum\limits_{i=1}^{n} R_a(1+r_i)^m} = 1 ,$$

其他公司的市场份额之和为：

$$\lim_{m\to\infty} \sum_{i=2}^{n} MS_{n-k} = 1 - \lim_{m\to\infty} MS_k = 0 。$$

上述几个式子表明，当竞争时间足够长时，只要竞争者能够长期保持最快的增长速度，不论其原始市场份额如何，其最终的市场份额都将趋近于 100%，而其他竞争者的市场份额之和将趋近于 0。

当然，这只是理想中的情形，但可以从中得出某些有价值的结论。其中比较明显和最有价值的结论是：第一，在指数级创业时代，拥有市场最快的增长速度至关

重要。第二，不管 R_a 多大或多小，从 0 到 1 跑通（R_a 存在且大于 0）是基础和前提。第三，长期坚持（即 m 足够大）是必要条件。第四，聚焦于一点、市场空间足够大、模式可复制、快速整合资源、快速融资、在巨头醒悟之前结束战斗也非常重要。

二、创业必知之六败之道

《孙子兵法》说："故兵有走者，有弛者，有陷者，有崩者，有乱者，有北者。凡此六者，非天之灾，将之过也。夫势均，以一击十，曰走；卒强吏弱，曰弛；吏强卒弱，曰陷；大吏怒而不服，遇敌怼而自战，将不知其能，曰崩；将弱不严，教道不明，吏卒无常，陈兵纵横，曰乱；将不能料敌，以少合众，以弱击强，兵无选锋，曰北。凡此六者，败之道也，将之至任，不可不察也。"

孙子在《孙子兵法》中论述了因将领组织、领导、指挥才能不足而导致军队战斗力不足，进而导致作战必败的六种情形，如图 3-1 所示。在孙子看来，战争要通过将、大吏、吏、卒等不同层级、不同分工的人通过协作共同实施完成，军队战斗力的高低不仅决定于直接参与战斗的人数的多寡，即实际投入战斗的组织规模的大小，还决定于将帅组织水平的高低，以及不同层级之间配合水平的高低。

走：夫势均，以一击十
北：将不能料敌，以少合众，以弱击强，兵无选锋
乱：将弱不严，教道不明，吏卒无常，陈兵纵横
崩：大吏怒而不服，遇敌怼而自战，将不知其能
陷：吏强卒弱
弛：卒强吏弱

图 3-1 "六败"示意图

当出现孙子所指出的以下六种情形时，军队的战斗力将被极大地削弱，孙子称之为"败之道"。一是在势均力敌的情况下以一击十，导致自身战斗力只能发挥十分之一。二是虽然士兵战斗力强悍，但军官懦弱。三是虽然军官强悍，但士兵懦弱。四是主将不了解偏将及士兵的能力，偏将怨怒而且不服从指挥，遇到敌人擅自率军出战，破坏整体作战部署。五是将帅懦弱又无威严，治军没有章法，官兵关系混乱紧张，布阵杂乱无章。六是将帅不能正确判断敌情，以少击众，以弱击强，军中没有能攻坚的精锐部队。可以看出，孙子所说的六败之道，其实质都是某种形式的组织实施失效导致的组织战斗力严重受损，进而导致战争失败。

孙子特别指出，六种"败之道"都不是天灾，其根

源都在将帅，全都是将帅的过错，并明确指出，避免陷
入六败之道是将帅最重大的职责，将帅必须进行认真的
考察和研究。

1. 走败：夫势均，以一击十

《孙子兵法》说："夫势均，以一击十，曰走。"意
思是在敌我各方面条件相当的情况下，却去攻击十倍于
我的敌人，必然会失败，这种情况称之为走败。

对于初创企业来说，各方面资源都非常有限，最重
要的战略就是聚焦，即集中所有的力量在一个点上。在
实际的创业过程中，由于战略定位和长远目标不够清
晰，创业者对于出现的种种机会往往难以作出清晰的战
略判断和取舍，难以割舍短期的利益，所以这些创业
公司的极其有限的创业资源就会被分散在两个甚至多
个不同的方向，什么都想干，结果一定是什么都干不
好。这样的结局甚至连"走败"都不如，因为处于创业
初期的企业与已成规模的大企业相比实力往往不是"势
均"力敌的，更大可能是"势弱"（不如人）的，这时
如果再以一击多，借用孙子的话说，必然是每战必败。

孙陶然在《创业36条军规》一书中，从多个角度
反复强调了战略聚焦的重要性。

他在《军规2梦想是唯一的创业理由》一章中指
出要把"调动全部资源，围绕单点死磕"作为创业的

根本属性。

此外，他还在《军规21集中兵力解决主要矛盾》一章中指出，任何事情只有解决主要矛盾才能向前进，创业也一样，四处撒网不如突破重点，时刻抓住创业期公司的主要矛盾，打赢决定命运的关键之战，突破"突破点"，这是创业期公司最重要的战略。经营公司的过程中会遇到太多的商机，每一个商机都看起来很美，所以创业者要抵御住这些诱惑，紧紧盯住自己的目标。与目标不直接相关的事做再多也与胜负无关。创业者要学会舍得，舍得是一种勇气，更是一种能力。

他在《军规25做减法》一章中指出，战争胜利的原因是打赢了关键战役而非打赢了很多战役，成功是因为把一件事做到了极致，而非因为做了很多事。所以创业公司必须学会做减法，果断砍掉那些可有可无的鸡肋项目，集中力量于一点并专注去做这一点。如果满足了用户的一个简单需求并做到了极致，那么这个公司一定是离成功非常近了。

另一位北大校友张本伟也将单点突破作为创业成功的基本法则，并将其著作直接命名为"单点突破"。他指出在强敌如林的市场中，新创企业快速成长的法则就是聚焦到单点，做到极致，并杀出一条血路，全力突破并快速垄断一个细分市场，在巨头企业进入之前构建足够强大的竞争壁垒。

1947 年提出的人民解放军的十大军事原则，其中第四条就是要集中绝对优势兵力打歼灭战。要求人民解放军每战集中绝对优势兵力（两倍、三倍、四倍、有时甚至是五倍或六倍于敌之兵力），四面包围敌人，力求全歼，不使漏网。这一军事原则后来也被广泛运用在经济建设之中，即集中力量干大事，中国的工业化以及基础设施的建设，如高速公路网和高速铁路网的建设等，都体现了这一思想。

2. 弛败：卒强吏弱

孙子兵法说："卒强吏弱，曰弛"。意思是士卒强悍，而中下层军官懦弱，称为"弛"。

在企业管理中出现"弛败"的情况是指员工的素质能力强，但管理层的素质能力弱。管理人员不能胜任工作，在员工中没有威信，无法指挥带领员工，导致团队工作纪律松弛，且团队的整体战斗力被极大削弱。

企业中如果没有一支高素质、高能力的管理队伍来指挥、带领员工去实施各项工作，那么企业家制定再好的战略也只能是空中楼阁。所以柳传志说企业家的三大任务就是搭班子、定战略、带队伍。带队伍就是培养强有力的干部队伍，培养强有力的管理层。

孙陶然在《创业 36 条军规》一书中对管理队伍的建设问题也非常重视，并将队伍的培养问题列为军规之一，即《军规7：干部要靠自己培养》。他在书中强调，企业都缺人，发展越快的企业越是如此。那么如何才能找到足够多的管理人员？解决之道只有一个——自己培养。创始人必须把培养自己的管理人员放到战略级的高度，亲自制定选才标准，亲自选才，亲自抓人才培养，才能为企业的可持续发展奠定坚实的基础。孙陶然建议创业者要"慎用空降兵"，尤其是处于创业期的公司。他认为空降兵进入公司后会大量引进自己以前的旧识旧部，以新人指挥老人，以外来人指挥内部人，这些举措会给企业带来一系列的影响，而且往往都是负面的影响。这种影响从《孙子兵法》的角度来看，非常类似于卒（公司原有的老员工）强吏（公司空降的管理者）弱的情形。

3. 陷败：吏强卒弱

《孙子兵法》中说："吏强卒弱，曰陷。"意思是军官强悍，而士卒懦弱，称为"陷"。曹操注解称："吏强欲进，卒弱辄陷，败也。"张预注解说："将吏刚勇欲战，而士卒素乏训练，不能齐勇同奋，苟用之，必陷于亡败。"吏强卒弱指的就是军官强悍勇敢直前，但士卒却懦弱畏缩不敢向前。这时，如果军官身先士卒冲出去了，但身后却没兵跟着冲锋陷阵，那么这支军队必然会陷于败亡。

对于企业来说，员工没有士气、没有斗志、不愿意为企业付出，整天混日子磨洋工。出现这些现象的主要原因有两个：一是员工对企业没有归属感和认同感，没有荣誉感和主人翁精神，使得企业没有凝聚力，其根源在于企业文化建设出了问题；二是企业的考核激励机制出了问题，例如考核不清甚至没有考核，激励不准甚至没有激励，干好干坏一个样甚至多干不如少干、少干不如不干，以及企业员工的薪酬水平较低。

司马迁在《史记·货殖列传》中有句名言："天下熙熙，皆为利来；天下攘攘，皆为利往。"现代西方经济学也将"理性经济人"作为人性的基本假设即人是受利益驱动的。趋利避害是人的生物本能，这是自然选择适者生存的必然结果，企业管理者必须深刻地认识到这一点，并将其作为解决问题和制定规章制度的基础。

人性自私是本能，是物竞天择的必然，不仅无可厚非，而且还是管理者建立激励机制的基础。我们常说"重赏之下必有勇夫"，正是管理者对这一原理的现实运用。组织的战斗力取决于组织成员能在多大程度上消灭组织内耗，形成怎样的组织合力。内耗越小，合力越大，内耗为零，合力则可达到最大状态。如果组织成员的利益是不一致的，由于人性的自私，就必然会在组织内部形成内耗。利益越不一致，冲突就越大，内耗也就越严重，组织战斗力就越弱。反之，组织成员的利益越一致，冲突就越小，内耗也就越小，组织战斗力就越强。

当组织完全没有内耗时，所有组织成员都齐心协力朝着同一个目标努力时，组织的战斗力将达到难以想象的高度，好似威力无比的激光。激光其实也只是普通的光，那它的威力为什么那么大？普通的光是向着四面八方散射的，而激光所有光子的频率和方向都是相同的，且均位于一条直线上，最终激光就将所有光子的力量全部集中在一点上了。

如何使得组织成员的利益趋同，特别是通过制度设计实现组织成员的利益趋同，就成为了管理者的重要任务。

孙子所提出的解决方案就包含在五事七计之中，即赏罚分明。组织成员增加了组织的利益就赏，损害了组织的利益就罚，赏罚分明，精准激励，这样就会使得组织中所有成员的个体利益与组织的整体利益保持一致，同时组织中所有成员的个体利益也是一致的。这里的"赏罚分明"有两个要点，管理者不仅要学会赏，更要学会罚，也就是既要有正向激励，也要有负向激励，总之就是要让组织成员保持在与组织荣誉与共、利益与共的轨道上。此外，赏罚分明还要精准激励，做到多劳多得，少劳少得，不劳不得。要实现赏罚分明，除了将按劳分配作为薪酬和晋升体系的基本原则之外，公正科学的考核体系以及配套的招聘体系、培训体系也是坚实的基础。

利益冲突的根源在于价值观的冲突。由于价值观不同，人们对利益的看法必然存在差异。这种差异可能比较小，也可能非常巨大，甚至完全相反。企业文化建设的目的就是要尽可能统一组织成员的价值观，统一大家对事物价值或者说利益的看法，为实现组织成员利益趋同、形成最大合力奠定基础。

马云说员工离开无非两个原因，一是干得不爽，二是钱没给够。所谓干得不爽，就是价值观不同，所谓钱没给够，就是激励没到位。

孙陶然在《创业 36 条军规》一书中专门用两条军规阐述了企业文化建设，分别是《军规 15 企业文化必须一开始就建立》和《军规 30 用文化带队伍》，他还用一条军规阐述了物质激励，即《军规 31 物质激励必不可少》。这三部分内容有理论、有方法、有实践，向读者分享了他在拉卡拉建立企业文化和激励机制的详尽内容，非常难能可贵。他提出的企业文化的五个板块、十二条令、愿景使命价值观、方法论、执行力四部曲、管理三要素、高效激励的四个原则等，都非常值得创业者借鉴。

4. 崩败：大吏怒而不服，遇敌怼而自战

《孙子兵法》说："大吏怒而不服，遇敌怼而自战，将不知其能，曰崩。"曹操注解说："大吏，小将也。大将怒之，心不厌服，忿而赴敌，不量轻重，则必崩坏。"陈皞注解说："此大将无理而怒小将，使之心内怀不服，因缘怨怒，遇敌使战，不顾能否，所以大败也。""崩败"的意思是团队内部产生矛盾和冲突，偏将怨怒而不服从指挥，遇到敌人擅自率军出战，主将不了解偏将及士兵的能力，造成整体战略部署的混乱与被动，进而导致战斗力崩溃。

前文我们谈到人是受利益驱动的，如果人们的利益有了冲突，那么人们的行为也必然会有相应的冲突，进而导致组织的内耗加重，组织合力受到严重的损害。特别是当组织高层成员之间出现大的利益冲突时，组织中将会出现山头或宗派，如果这些山头宗派再各自行动，那么组织很可能要面临分崩离析的结局。柳传志在管理上强调班子内部所有的话都必须要摆在桌面上说，坚决不允许宗派的出现，如果发现宗派，将不惜一切经济利益把毒瘤砍掉。这样做就是在发现"崩败"的苗头时就进行坚决的处理，将"崩败"的苗头消灭在了萌芽状态。

柳传志将搭班子、定战略、带队伍作为管理的三要素，并将搭班子放在三要素之首。之所以将搭班子放在管理的要素之首是因为他认识到了班子或者说团队成员

在决定组织成败方面的重要性。

从团队构成来说，班子成员必须在核心价值观上志趣相投，这样他们的目标和利益就能一致，并做到同心同德。这是很重要的。江山易改本性难移，如果初期选错了人，后期很可能没有合适的办法进行弥补。此外，班子成员最好在管理、专业、才能上各有所长，形成互补，相得益彰。这点也很重要，即使在初期存在瑕疵，在后期还可通过分工和培养来加以弥补。柳传志认为强有力的班子成员有三个特点：一是把公司当命根子；二是身经百战，有把聪明转化为智慧的能力；三是互补和团结。这里的第一点也就是"班子成员都把公司当成自己的命根子"是最关键的，其本质上的含义是班子成员都把公司利益视为自己的最高利益，这样就自然消除了发生利益冲突的根源。第二点和第三点的前半部分，合在一起就是要各有所长。所以可以把柳传志的观点总结为：好的班子就是要同心同德，各有所长。

孙陶然在《创业 36 条军规》中多次讨论了这一问题。在《军规 7 干部要靠自己培养》中他有一个看起来非常过激的观点，就是"绝不用职业经理人"。他说他最怕从下属口中听到"我会尽力"，因为他认为这是典型的职业经理人心态：事情不是我的，但我会尽力向着目标努力，至于达成或达不成目标只是结果，只要我尽力了，我的工作就完成了。孙陶然认为这是非常可怕的心态，因为这种心态的本质就是对工作的极度不负责任。而创业者的正确心态首先是要有主人翁意识：第一，这就是我的事，我要对结果负责；第二，不达目的决不罢休。他认为职业经理人的天性决定了他们只注重短期的目标，缺少主人翁意识，所做决策非常短视，这就导致职业经理人的根本利益与企业、创业者的根本利益之间存在巨大的冲突，进而导致组织利益的损害。孙陶然还将联想集团的洋 CEO 阿梅里奥卖掉联想的手机业务作为典型案例，说阿梅里奥无视移动互联网时代的到来，仅仅因为任期内的赢利目标就砍掉了具有战略性意义的手机业务，使得联想在步入移动互联网时代时陷入被动。

在《军规 12 股东宁缺毋滥》中，孙陶然指出，股东是企业的所有者，股东对企业的影响很大。创业者选择股东要慎重，宁缺毋滥，处理好企业的股东圈、员工圈和朋友圈是做好企业的关键。他认为中国失败的企业中至少有一半的企业是因为股东出了问题而创业失败的。人们常常可以共患难，却不能共富贵，企业一旦做起来，股东之间的矛盾也就随之出现。几乎每个民营企业在发展过程中都经历过股东之间的分分合合，不管是家族企业还是合伙企业。孙陶然将志同道合作为选择创业股东的首要标准，是从源头上避免了股东之间出现重大利益冲突的可能，从而避免了企业出现"崩败"

的条件。

在《军规 28 建班子是管理的首要问题》一章中，孙陶然指出，柳传志总结的管理三要素"搭班子、定战略、带队伍"是对管理最精辟的表述，管理的首要问题是搭班子，有了一个合适的班子，自然可以制定战略，带领队伍达成目标。搭班子是一个长期的过程，从选人、形成核心、塑造对企业文化的认同感，到建立班子的工作机制是一个循环往复的过程。如何在企业发展中保持班子的称职性和战斗力是企业"一把手"管理工作的核心。孙陶然总结出搭班子的四要点：第一是定核心，就是选领军人物，选一把手。第二是选对人，从源头上杜绝出现"崩败"局面的可能。第三是要塑文化，建立共同的核心价值观。第四是要建机制，通过沟通和决策机制来避免一言堂，这样做既发挥了一把手的决策领军作用，又强化了班子成员的执行意识，也充分调动班子成员的积极性，同时还可通过调整机制不断对班子的成员进行优化。

在《军规 13 事先要签股东协议》和《军规 14 建立现代企业制度》中，孙陶然指出，在选好股东的基础上，还要学会用法律和企业规章制度，以及利益和机制来约束人，进一步减少股东之间出现重大利益冲突的可能。在《军规 13 事先要签股东协议》中，孙陶然指出，股东之间的合作基础是对游戏规则的遵守，所以在开始合作之前一定要先签署股东协议，对企业方向、股东义务、决策机制以及退出机制等问题作出约定，并且一定要制定实施的具体办法，以确保公司的根基稳固。在《军规 14 建立现代企业制度》中，孙陶然指出，创业公司建立的治理结构要合理。建立合理治理结构的核心是处理好股东会、董事会与经营管理团队的关系。所以这两条军规的核心是处理好股东与股东之间的关系，以及股东会、董事会与管理层之间的关系，而处理好关系的实质是处理好利益，如果利益一致，关系自然就融洽，如果利益有冲突，关系就必然会紧张。

所以找到平衡组织所有成员的利益，使得所有成员特别是核心成员的利益趋同的方法，并建立起保障组织成员利益趋同的管理机制，是管理者必须要做的功课。

5. 乱败：将弱不严，教道不明

《孙子兵法》说："将弱不严，教道不明，吏卒无常，陈兵纵横，曰乱。""乱败"的意思是将帅懦弱无威严，治军没有章法，官兵关系混乱紧张，布阵杂乱无章，最终导致军队失败。

拿破仑有句名言：一头雄狮率领的一群绵羊，会战胜一只绵羊率领的一群狮子。俗语说：兵熊熊一个，将熊熊一窝。这些名言和俗语都是在强调领袖对于组织的重要性。领袖的根本职责就是建立组织文化和规章制度，理顺组织成员（特别是管理层与员工）的关系，具体内容包括把合适的人放在合适的位置，平衡好各个方面的利益，建立共同的价值观，消除组织成员之间的利益冲突以及由此导致的组织内耗，实现组织成员利益趋同等。

因此组织管理者不但自身要有过人的本领，能够让下属信服，对下属也要纪律严明、敢赏敢罚，以建立起足够的威严。这样才能做到令行禁止，使整个组织运转起来，达到"如身使臂，如臂使指"的高效状态。

在《军规 5 你必须与团队一起来实施战略》中，孙陶然指出，团队要靠领军人物带领，没有"头儿"的团队比没有团队还可怕。为什么一只羊带着的一群狮子打不过一头狮子带着的一群羊？这就是领军人物的作用。团队既然不是一个人，就必须要有领军人物，一个没有领军人物的团队只能是一盘散沙，一个强有力的领军人物是团队的灵魂。

纪律严明、赏罚分明是实现组织成员利益趋同的根本。如果组织领袖能够做到这一点，那么组织中的每个成员都知道并相信：为组织做了贡献，维护增加了组织的利益，就会受到相应程度的奖赏，也就等同于维护、增加了自己的利益；反过来，如果做了危害组织的行为，损害了组织的利益，就会受到相应程度的惩罚，也就等同于损害了自己的利益，这就实现了组织成员个体与组织整体的利益趋同，这样组织成员就会将组织整体的利益等同于个体利益，从而实现全体组织成员与组织整体利益的趋同一致。在利益趋同一致的情况下，自私就是利他，维护自己的利益就是维护他人的利益，人性自私不再成为组织协调合作的阻碍，反而成为巨大的动力。

相反，组织领袖如果没能力做到纪律严明、赏罚分明，那么组织中的成员会很快发现，做了损公肥私的事并不会受到惩罚，或者受到的惩罚小于甚至远小于自己所获得的私利。那么当个体利益与组织整体利益相冲突时，大多数人都会出自本能地选择维护自己的利益，也就意味着损害组织的利益、损害组织中其他成员的利益，这将造成组织成员之间普遍的利益冲突和利益争夺，使组织进入互害模式，最终乱成一团甚至陷入败亡。

在《军规 31 物质激励必不可少》中，孙陶然指出，激励的核心是奖惩分明并对所有人都一视同仁，否则会适得其反。

自古有句话叫"慈不掌兵"，也就是《孙子兵法》中说的："爱而不能令，厚而不能使，乱而不能治，譬如骄子，不可用也。"黄石公说："士卒可下，而不可骄。"意思是将帅可以平易近人，可以礼贤下士，但切不可骄纵下属。《阴符经》中说："害生于恩"。俗话说，一碗米的恩人，一斗米的仇人，一旦已经习惯的恩情没了，就成了仇人。怎么就成了仇人？虽然对施予者来说只是停止了给予，但对受施者来说，却是被夺走了既得利益。

战国初期军事家、政治家吴起说："鼙鼓金铎，所以威耳；旌旗麾帜，所以威目，禁令刑罚，所以威心。耳威于声，不得不清；目威于色，不可不明；心威于刑，不得不严。三者不立，必败于敌。故曰，将之所麾，莫不从移。将之所指，莫不前死。"（《史记》卷一百五）吴起提出威耳、威目、威心，并指出要通过日常操练树立起指挥权威，养成士卒令行禁止的习惯，这样才能保证在战场上士卒的一切行动都听指挥，悍不畏死。"畏我者不畏敌，畏敌者不畏我"其实并不是士卒不怕死，而是士卒知道并确信：听从指挥、拼死冲锋只是可能会死，但不听从指挥、临阵退缩则必死无疑。

所以古代将军在出征时往往会选择杀人立威，将不听军令的人就地正法，杀鸡儆猴，明军法，立军威，让三军听令。杀什么人最好？华杉在《华杉讲透〈孙子兵法〉》中指出，最好是跟皇上有点关系的宠臣。他以为没人敢动他，整日吊儿郎当，而杀了他会让三军将士明白：只要是不听军令的人，不管是谁都可杀。

最经典的案例就是孙子受吴王阖闾之命训练宫女。最初孙子在宫女特别是担任队长的吴王的两个宠妃面前根本没有威望，在三令五申之后，孙子要依兵法当场斩杀吴王的两个宠妃，并以"将在军君命有所不受"为由断然拒绝了吴王的求情，由此树立了自己在被训宫女、整个吴国军队、整个吴国乃至整个天下的威望和执法严明的形象，并为之后的辉煌军事生涯奠定了坚实基础。

华杉在《华杉讲透〈孙子兵法〉》一书中还举了另一个经典案例，就是田穰苴斩杀庄贾。晋燕两国大败齐国，齐景公听取了晏婴的推荐用田穰苴为大将。田穰苴对齐景公说自己出身卑微难以服众，请求齐王派最亲信的重臣做监军，齐景公就派了庄贾。田穰苴跟庄贾约定第二天正午出发，结果庄贾却和送行的大臣们喝到太阳落山才来，田穰苴毫不犹豫地将庄贾就地斩首正法。齐景公接到报告后急忙派使臣来救，田穰苴又要治使臣在军营中鞭马疾驰的死罪，最后以他是君王使臣的身份免死，但还是斩了车夫和一匹马。这样田穰苴还未出征就威震敌国，晋国军队被吓跑了，燕国军队不得以撤退，田穰苴乘胜追击，大获全胜。

企业不同于军队，时代也在发展，古代兵家的做法虽然值得借鉴，但显然并不适合于今天的企业管理。今天的企业管理，在激励机制上更倾向于正向激励，如同今天的教育，更倾向于鼓励式教育而非棍棒式教育。但人受利益驱动的本性没有变，纪律严明、赏罚分明仍然是实现利益趋同、形成组织最大合力的有效机制。

6. 北败：将不能料敌，兵无选锋

《孙子兵法》中说："将不能料敌，以少合众，以弱击强，兵无选锋，曰北。"意思是如果将帅不能正确判断敌情，以少击众，以弱击强，且军中没有能攻坚的精锐部队，就叫"北败"。

将帅最重要的工作就是观敌料阵，做决策，分配任务，分配资源，赏功罚过，运筹帷幄之中，决胜千里之外。这些工作的技术含量都很高，对智方面的要求也很高。所以儒家讲"仁义礼智信"，以仁为首；而兵家讲"智信仁勇严"，以智为先。

无论是战场上的将军，还是商场上的企业家，面对的都是复杂多变的、充满不确定性的环境。能否正确地判断大势，能否以最小的风险、代价去取得最大的胜利，既是衡量将帅水平高下的标尺，更是决定战争胜负的关键因素。

所谓料敌就是判断大势，而以最小的风险、代价去取得最大胜利的根本方法就是胜于易胜，就是以众击寡、以强击弱、兵有选锋。如果将帅不能正确判断敌我的力量对比，又违背了胜于易胜的军事原则，犯了兵家之大忌去以少击众，以弱击强，同时也未能培养出攻坚的精锐，那么结果必然是让军队陷入败局。这里面，将帅不能料敌是关键。将帅之所以会犯以少击众、以弱击强的错误，多数时候是因为料敌不准确，即对敌我双方的力量判断错误，少数时候是出于无知和狂妄。

孙陶然在其《创业 36 条军规》的第四章《军规 4 领军人物决定创业成败》中指出，领军人物是创业企业的灵魂，如果创业企业中没有一个强有力的领军人物，那么创业不可能成功。对于大多数创业公司而言，领军人物不能胜任，公司的经营状况百分之百不好；领军人物能胜任，则公司成功的概率在 80% 以上。领军人物的重要任务是规划企业的方向、选定各个业务的领军人物、为企业找来各种资源，而不是事无巨细地亲自处理。

对于创业者来说，选对创业方向非常重要，而准确判断大势是选对创业方向的关键所在。孙陶然将"选择正确的创业方向"列为第 3 条军规，并指出选对创业方向事半功倍，不要会啥做啥，要针对用户较强的需求来创业，从个人爱好、个人特长及市场需求之间找到一个平衡点。如果可能，创业要选择最肥的市场入手，在大市场中占有小份额，要比在小市场中占有大份额容易很多。

所谓料敌，不仅包括对当前局势的判断，也包括对未来趋势的判断。对未来预见得越早、越清晰，创业者做的事就越正确。孙陶然在其《创业 36 条军规》的第八章《军规 8 要有预见性》中指出：在探索未知的道路上，拥有预见性是走下去的前提，预见了未来就可以早做准备，早做准备就不需要急加速、急刹车，也就不会掉到坑里。预见性是领导者必须具备的能力，与其说这是一种能力不如说这是一种意识，创始人必须时刻提醒自己向前看，预见未来。……领军人物必须要有预见性，拿破仑曾说过：如果说我对一切都胸有成竹的话，那是因为我一直在思考。对于伟大的领军人物而言，发生的一切都不是意外，因为他们早就在脑海里设想过这些"意外"发生时要如何应对，所以无论发生什么他们都是一副胸有成竹的样子。

好钢要用在刀刃上，干事业特别是打攻坚战时必须要有先锋队，即带队伍一定要选锋。对于普通人来讲，大部分人都具有从众心理，有人挑头自己跟着干没问题，但要自己挑头干就万万不敢。因为挑头的风险巨大，普通人无论是在实力上还是在心理上都无法承受。让士兵们克服风险挑头冲锋的对策就是给予足够的收益回报，即重赏之下必有勇夫。自身实力和心理承受能力足够的勇士就会自告奋勇，拼死向前，就有助于军队杀出一条血路，这样军队的士气就起来了。后面的普通士卒眼看着唾手可得的胜利果实必然会蜂拥而上，这时军队的战斗力就爆发出来了。相反，如果兵无选锋，先头部队一触即溃、士气崩溃、军无斗志，那后面的部队就只会跑得更快，所谓"兵败如山倒"就是这个道理。

"选锋"的作用有两个，一个是激励，即通过巨大的荣誉和物质奖励让所有的人都心动、羡慕，甚至嫉妒。二是示范，即要让所有人觉得自己也行。比如雷锋，激励了无数的人去助人为乐；张海迪，激励了无数的人去自我奋斗。企业管理也必须意识到先进模范在企业发展中起到的作用，管理者要有意识地去发现、培养、重奖、宣传各个岗位的工作能手，充分调动全体成员的工作热情，提升组织的战斗力。

第四章
创业必知"四兵""四诀"

一、创业实战之攻伐四兵

1. 创业四兵之解读

《孙子兵法》中说:"夫用兵之法,全国为上,破国次之;全军为上,破军次之;全旅为上,破旅次之;全卒为上,破卒次之;全伍为上,破伍次之。是故百战百胜,非善之善者也;不战而屈人之兵,善之善者也。故上兵伐谋,其次伐交,其次伐兵,其下攻城。攻城之法,为不得已。"

《孙子兵法》的核心思想，是立于不败，谋定而动，先胜后战，不胜不战，最高目标是不战而胜，即全胜，以最小风险、最小代价获取最大利益。全胜首先是争取全国的最大收益，其次争取全军，再次全旅，复次全卒，最后全伍。军事行动的上策是伐谋，是指依靠谋略，包括政治、经济、文化、外交等手段的综合运作，不待对立双方矛盾激化就解决问题，即先期解决争端；其次伐交，即当矛盾已经显现时，动员本国和有关国家的力量，显示决心，造成压倒式优势或力量制衡，辅之晓以利害，经过折冲与妥协，做到不诉诸武力而达成战略目的；再次伐兵，即动用部分军事力量，在敌方政治、经济重心之外解决敌人，以把战争的损害降到最低；最下之策是攻城，即在上述三项努力均无效的情况下，不得已而为之，攻取敌方战略要地乃至全部领土。

孙子总结了战争的四种基本形式（四兵），伐谋、伐交、伐兵和攻城，并按照全胜的标准对四种作战形式进行了比较，指出伐谋伐交为上，伐兵攻城为下。但同时孙子也指出，军队必须储备有攻城的方法与手段。或者说，强大的伐兵攻城实力（威慑力）是伐谋伐交的基础，而强大的伐谋伐交能力是最大化收益的手段，两者相辅相成。没有伐兵攻城的实力，伐谋伐交就是空谈，也就是所谓的弱国无外交；不重视伐谋伐交，伐兵攻城就变成穷兵黩武，落入好战者必亡的陷阱。所以孙子说："故善用兵者，屈人之兵而非战也，拔人之城而非攻也，毁人之国而非久也，必以全争于天下，故兵不顿而利可全，此谋攻之法也。"

伐谋、伐交、伐兵、攻城既是四种基本作战形式，也是军队的四项基本职能和工作，同时也是组织内部的四项基本分工，每一部分的工作必须由相应的层级去完成，不可错位。

2. 创业四兵之模型

假定敌我双方之间的战争，我方是主动进攻方，无论伐谋、伐交、伐兵还是攻城，我方胜利的概率（p）是不变的，且只取决于敌我双方实力的真实对比。假定我方付出的代价是 c，如果战争胜利，获取的收益是 r，如果战争失败，则获取的收益为 0。

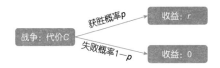

那么战争的期望收益是：$E(r)=pr-c$。

战争的目标可以描述成投入与产出比的最大化，即：

$$\max \frac{E(r)}{c} = \max\left(p\frac{r}{c}-1\right)$$

就是以最小的风险（$1-p$ 最小，p 最大），最小的代价（c 最小），获取最大的收益（r）。

假定在不战而胜的情况下，敌方举国归降我方的收益是 R。

伐谋、伐交、伐兵、攻城的代价分别是 c_1，c_2，c_3，c_4；则 $c_1 << c_2 << c_3 << c_4$，其中 c_1，c_2 都接近于 0。（其中 << 表示远小于）

伐谋不战而胜的收益 r_1 是全利（兵不顿而利可全）R；伐交的收益 r_2，是全利 R 的大部分 bR（$b<1$），因为要拿出小部分收益分给同盟方；伐兵的收益 r_3 已经不是全利，因为伐兵必然会造成破坏，假定破坏的大小为 d_1，则 $r_3=R-d_1$；攻城的收益更加不是全利，因为它的破坏更大，假定破坏大小为 d_2，$d_2 >> d_1$，则 $r_4=R-d_2$。

根据以上分析，从投入产出比来看，无疑 $\dfrac{E(r_1)}{C_1} >> \dfrac{E(r_2)}{C_2} >> \dfrac{E(r_3)}{C_3} >> \dfrac{E(r_4)}{C_4}$。

3. 精益创业与创业四兵

以最小的风险、最小的代价，去获取最大的收益的思想，对于资源有限的创业来说具有重要的意义。在硅谷，这一思想被发展成精益创业。

精益创业（The Lean Startup）由埃里克·莱斯提出，经过若干创业者的丰富和发展，目前已经成为硅谷通用的创业方法论和创业工具。

精益创业是关于思考、验证和迭代的完整方法论，

其目标是解决创业公司如何"不死",或者说创业公司
如何立于不败的问题。

精益创业的核心是 MVP（Minimum Viable Product）
理论，该理论是埃里克·莱斯在《精益创业实战》中提
出的，意即"最简可行产品"——用最快、最简明的方
式建立一个可用的产品原型，这个原型要表达出产品最
终想要的效果，然后通过迭代来完善产品的细节。

很多人都深深赞同 MVP 理论，但做起来要比说
起来难得多。很多创业者常常为了 MVP 而 MVP，即
只是把原来的一大步变成几个小步，就觉得这是精益
创业了。这些创业者并没有了解 MVP 背后"LESS IS
MORE"的逻辑，如邯郸学步般生搬硬套，最终陷入机
械模仿的窘境。

举例来说，有一位年轻的创业者启动了自己的项
目，要做一个为大学生提供各种学习文档的网站。初生
牛犊不怕虎的他很快就把网站做出来了，然后他发现网
站的流量少得可怜，不知道怎么去继续。去融资砸钱来
做运营推广吗？创业者自己也犹豫了。他的网站首页截
图，如图 4-1 所示。

从图 4-1 可以看出创办这个网站的创业者决心很
大，网站文档的内容面很广。看得出来创业者想吸引很
多人来使用他创办的网站。可是，这样创业的结局一般
都是失败——大而全的平台式创业只有巨头才敢去做，

而且就算是巨头去做也很容易失败。

图 4-1　某创业者创作的网站首页截图

创业者通常在潜意识中会将均匀分布的需求作为思考的前提，在行为上表现出来就是"撒胡椒面"，常常贪大求全，想覆盖最大的需求、最大的可能，于是不断地做加法，内容越做越多。

创业者通常认为不同细分市场的需求是均匀分布的，如图 4-2 所示，需要不断增加自己产品的种类或功能去满足更多的需求。如果创业者用了所谓的 MVP 的

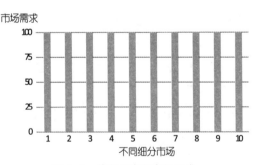

图 4-2　均匀分布的市场需求

方式创业，那么起初他所提供的产品只能满足一项需求，而下一步，创业者往往会不断地给产品做加法，因为他在潜意识中认为需求是均匀分布的，所以需要用更多的产品功能去满足更多的需求。

而实际上，需求往往呈正态分布或者幂律分布，如图 4-3 和图 4-4 所示。

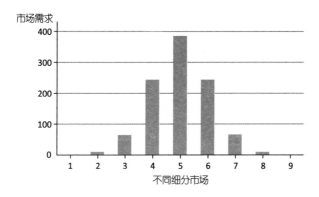

图 4-3　呈正态分布的市场需求

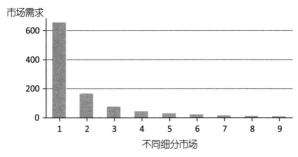

图 4-4　呈幂律分布的市场需求

其结果就形成了俗称的"二八定律"，也就是 20%的需求占据 80%的权重，所以创业者只需要注重这20%的需求就可以。不仅如此，在这 20%的需求里面，创业者还会继续发现只有 20%是其中的核心，于是还可以放弃其中的 80%，这样就只剩下原来的 4%。反复这个过程三次，创业者便可抓住约为 1%的关键需求，而此时对应的市场还有超过 50%的权重，这就是"少即是多"。"少即是多"就是要以最小风险、最小代价获取最大收益。这就是《孙子兵法》"四兵"背后的核心逻辑。

从"少即是多"的逻辑出发，我们可以重构精益创业的以下几个核心概念。

痛点：如果创业者做了减法，做出来的产品仍然无人问津，那就说明创业者抓住的这个需求不是幂律分布中有 50%高权重的核心需求，也就不是"痛点"需求。

试错：如果创业者发现需求没找准，那么这个MVP 就变成了试错。创业可以试错，但是不能漫无目的地试错。如何从这一次的错误中找到真正痛点的蛛丝马迹？创业者还是要回到"少即是多"上去寻找高权重的需求。

迭代：如果创业者发现这个需求是"痛点"需求，但是因为产品太粗糙没法获得大量用户，那么就需要快速迭代。迭代的目的是满足高权重核心用户的需求，而不是满足各种用户的各种需求。

极致用户体验：这个极致体验，是指权重高的需求，而不是全部用户的所有需求。事实上，创业者因为资源、时间、精力的有限，不可能满足所有用户的需求，甚至不能满足核心用户的所有需求。只有满足最高权重的需求才是创业者应该去做的事。

回到前面案例中的那位创业者，他现在要做的不是去砸钱做运营推广，而是要找出什么文档具有 1% 的量，但是有超过 50% 的流量权重，然后集中火力拿下这个点，并不断深耕。在网站功能上聚焦，再聚焦；在栏目和板块上砍掉，再砍掉，直到没法再砍为止；在服务上优化，再优化核心需求的用户体验。只有按照这个原则反复迭代产品，才可能在竞争激烈的创业圈中闯出一条生路。

4. 单点突破与创业四兵

对于创业和企业经营管理来说，伐谋就是拼战略，包括战略定位和商业计划；伐交就是拼人脉，包括团队、客户、渠道、供应商、融资和品牌等；伐兵就是拼实力，包括产品、技术、服务、运营等；攻城就是拼扩张能力，如广告战、价格战、营销战等。

《孙子兵法》追求的最高境界是全胜，是"不战而屈人之兵"，是"兵不顿而利可全"，怎么样才能做到全胜或者接近全胜？必须有四兵的完美配合，即伐谋、伐交、伐兵、攻城的水平和实力均远胜对手，对手才可不战而降。

我们在现实中常看到的情况都是市场巨头强势并购竞争对手。对于创业企业来说，如何以有限的资源打造出卓越的四兵呢？

有位军事家将"集中兵力"称作"唯一正确的作战方法"。他说："我们的战略是'以一当十'，我们的战术是'以十当一'，这是我们战胜敌人的根本法则之一。"

对创业者来说，一方面有强大的竞争对手，另一方面自己所拥有的资源又极其有限，所以应对这些挑战的唯一方法还是精益创业，利用"少即是多"的逻辑，聚焦、聚焦、再聚焦，集中资源和力量进行单点突破。北大校友张本伟在其著作《单点突破》中说，单点突破就是在强敌林立的市场中聚焦到单点，做到极致，全力突破并快速垄断一个细分市场，杀出一条血路，在巨头进入之前构建强大竞争壁垒，结束战斗。

单点突破的首要问题是找到要突破的那个单点。那么如何精准找到单点？如何判断"单点"找得对不对、准不准呢？

在数学上有一种思维方法，就是当面对难以解决的复杂问题时，可以先考虑最简单的情形，再推广到复杂的情形。

强大的数学归纳法（包括广义的数学归纳法）就是这一思维方法的一种应用。最简单和常见的数学归纳法是证明当 n 等于任意一个自然数时某命题成立。证明可被拆分为下面两步：

（1）证明当 $n=1$ 时命题成立；

（2）假设 $n=m$ 时命题成立，并且在 $n=m+1$ 时也可以推导出命题成立。（m 代表任意自然数）

在寻找突破的单点时，也可以应用数学归纳法的思想，即将问题化简到最简单的情形，找到最关键的要素，再外推到普遍情形。具体的思考过程和方法如下。

如果只能选择一个人作为客户，这个人必须是你认识和熟悉的人，他会是谁？为什么？

如果只能满足这个人的一个需求，这个需求是什么？为什么？

如果只有一次说服这个人的机会，你会选择在哪里？用什么方式？为什么？

为了满足客户的需求，我们要开发产品，如果产品只能有一个功能，这个功能是什么？为什么？

接下来，再由一个人将产品外推到一个细分客户群。在这个过程中创业者需要思考：第一客户是谁？客户的第一动机是什么？获取客户的第一渠道是什么？产品的第一功能是什么？

对于找到的突破点，如何判断这是不是一个好的突破点呢？还是从道、天、地、将、法五个方面来考察。

道：客户是谁？需求是什么？需求在什么场景发生？

天：是刚需吗？客户愿意买单吗？是正确的时机吗？市场的成长空间有多大？

地：市场的核心矛盾是什么？行业里都有哪些竞争对手？

将：团队是否具备竞争优势？

法：竞争对手的打法和优势是什么？我们的打法和优势是什么？

在回答上述问题时，创业者常犯的错误是闭门造车、自以为是，凭自我的感觉、印象、想象或猜测来回答问题，而不是从客户出发、从市场出发、从事实出发来回答问题。创业者的表述常常是"我认为……""我觉得……"。创业者常常会问他人："您看我这个创意能行吗？"这时，他人就会反问，为什么要问我？我是客户吗？我熟悉客户吗？

单点突破的思想同样适合于组建团队和聘用员工，具体的做法是集中资源寻找最强合伙人，招聘最强员工，而不是每人分一点股份，或者招一堆不能胜任自己工作的员工。

很多创业者拥有的是成本最小化思维，而不是利润最大化思维。以招聘员工为例，不少创业者往往会以最低成本招一堆平庸的员工，而实际上员工的贡献往往也符合二八定律，如果将有限的资源平分到一堆员工身上，贡献大的员工就无法得到足够的激励。所以不如按照单点突破的思维，将有限的资源集中在最有能力的员工身上，然后对他们提出挑战性的要求。如果这样做，企业的整体工作绩效将会有大幅的提升。对员工的奖励更是如此，切忌人人有份、人人平均，必须集中大部分的奖励给贡献较大的员工。

创业团队的股权安排更是如此。第一，必须有大股东，要集中股权资源在贡献最大的创始人身上；第二，余下的股权同样不宜过于分散，团队总体人数不宜过多，这样才能集中股权资源来激励有能力的联合创始人。对于早期的创业团队来说，最好将初始团队控制在3个人，其次争取控制在3～5人，尽量不要超过7个人，否则股权就过于分散，沟通和决策的成本也会变高。

初始团队3个人，加上精干的员工，在非核心业务可以全部外包、细分市场单点突破的情况下，足以构建最小可用团队来精益创业。

单点突破要求创业者在战略上必须做减法，但正如孙陶然所说，做减法，说起来容易，做起来难。因为这是反人性的。做减法就是要舍，要放弃很多你认为很重要的东西，甚至是放弃你熟悉、擅长的东西。人的本性是贪大求全、追求稳妥安全的，人性就是不舍。所以常见的一种现象是我们家里的宝贵空间都被一堆没有用的东西挤占塞满。我们活得很累，就是因为背负了许多并不重要的东西前行。舍得，有舍才有得，大舍才能大得。

初创公司一定要学会做减法，如专注做一个产品；做产品一定要学会做减法，如专注在产品的一个核心功能上。如果说成功有捷径，那么"做减法"就是成功的捷径。

但人天然希望稳妥，不愿冒风险。因此，当我们对产品不自信时，我们就倾向于多做几个产品增加保险系数。有人认为，很多事情是捎带做的，是顺手而为，多做几个有何不可？也有人认为，一个技术可以应用于多个方向，放弃哪个都很可惜，不如齐头并进，一鱼两吃。这方面最典型的例子就是 to C 和 to B，原则上很多技术都可以直接服务于 C 或者帮助 B 来服务 C，所以很多创业公司都不假思索地把 to C 和 to B 一起做了。

这种做法是必须坚决反对的，顺手而为意味着这事并不重要，既然不重要，为何还一定要做？为何不能舍弃？

事实上，宝贵的资源就在这种顺手而为之中被大量浪费了。经济学的基本原理就是资源是稀缺的，而对初创公司来说，资源是极其稀缺的。初创公司缺人、缺钱、缺时间，夸张地说简直是什么都缺。这时候再兵分几路，结果就是每条路上的资源都更加不足，到头来什么都做不成，才是真正的事与愿违。

雷军当年投资 UCWEB 时，提出的投资前提是 UCWEB 公司同意砍掉那个唯一赚钱的产品。在雷军投资之前 UCWEB 公司有两个产品，一个是 to B 的，一个是 to C 的，to B 的赚钱，to C 的赔钱。创始人希望齐头并进，而且还可以用赚钱的养活不赚钱的。但是雷军认为 to B 的那块业务虽然赚钱，但是没有前景，而 to C 的业务虽然现在不赚钱，但是未来前景广阔，于是坚决建议把 to B 业务砍掉，集中全部人力、物力和财力来发展 to C 业务，这就是后来 UCWEB 成功的原因。孙陶然说他在《创业 36 条军规》中专门讨论过雷军这个案例，他认为放弃赚钱的 to B 业务需要非常大的魄力，认为没有这次业务的调整，没有这个减法操作，就没有 UCWEB 公司后来的成功。

太多初创公司都在犯不专注的错误——同时运作多个项目，这个舍不得，那个放不下，这个觉得有前途，那个也怕失去机会。这是创业的大忌，也是大多数创业公司不成功的根本原因。初创公司只有专注在一个产品上，走出来的机会才更大。

太多的产品，功能复杂无比，把能做出来的一股脑堆给用户，言下之意就是必有一个适合你，你自己挑吧。这是非常错误的思路，真正能成功的，一定是一个杀手级的应用，而不是一堆可有可无的应用，做不好杀手级的应用，拥有再多功能也不可能让一个产品火起来。

1999 年孙陶然在开发商务通全中文掌上手写电脑时提出，只解决 90% 用户的 90% 的需求，坚决去掉那些只有 10% 的用户在 10% 的情况下才会用到的功能。因为他认为看起来可以顺手加上的功能，也会消耗企业大量的资源，并且让产品的用户体验变差。过于复杂，本身就会破坏用户体验，把用户向外赶。

市场上绝大多数成功的产品，初始阶段都非常简单，抓住一个核心功能把用户体验做到极致，如果这个核心功能真正是用户的"痛点"，那么产品就成功了。成功之后，再考虑逐步添加辅助功能，而且添加也必须有所克制，因为越复杂就意味着越难用，难用程度超过临界点时就会发生质变，就会由一款用户喜爱的产品变成一款用户嫌弃的产品或者鸡肋产品，从而走向失败。

只有解决关键问题才算解决问题，唯有专注才能成功。专注于解决关键问题，这才是单点突破的实质所在。

5. 组织分工与创业四兵

四兵是组织的四项基本职能，对应到团队和组织层级就意味着相应的组合和分工。

首先，从创业团队构成和分工来看，完整的团队应该四兵俱备。以刘邦的团队为例，总体上是张良负责伐谋（战略定位），刘邦负责伐交（领导、组织、融资、公关、品牌），萧何负责伐兵（运营和管理），韩信负责攻城（市场营销和扩张）。

其次，从企业管理层级分工来看，伐谋、伐交、伐兵、攻城分别对应不同层级的组织分工。组织上层对应伐谋、伐交的战略层面任务，组织中层对应伐交、伐兵的战术层面任务，组织基层对应伐兵、攻城的操作层面任务，相应层级的管理者必须完成各自对应的任务，切不可错位。

对此，华为的任正非有一个非常形象的说法：砍掉高层的手脚，砍掉中层的屁股，砍掉基层的脑袋。

任正非强调要砍掉高层管理者的手和脚，只留下脑袋用来仰望星空、洞察市场、规划战略、运筹帷幄。高层管理者不能习惯性地扎到事务性的工作中去，他们的主要任务是指挥好团队作战，而不是自己卷起袖子和裤脚埋头干活。

任正非要砍掉他们的手和脚，就是要他们头脑勤快，不要用手脚的勤快掩盖思想上懒惰。高层管理者的职责就是确保公司做正确的事情，保证前进的方向是对的，确保前进的节奏是稳妥的，保证作战的资源是最优的。实际上在大量的企业之中存在错位的现象，如总经理在做总监的事，总监在做经理的事，经理在做员工的事，员工在谈论国家大事……

公司中层管理者承上启下，至关重要。任正非曾经大声疾呼，华为公司要强大，必须要强腰壮腿，中层就是"腰"，基层就是腿，腰是中枢。砍掉中层的屁股，在华为有以下三层含义：

首先，砍掉中层的屁股就是要打破部门本位主义，不能屁股决定脑袋，每个中层管理者不能各人自扫门前雪，只从本部门的利益出发开展工作。坚决反对不考虑全局利益的局部优化，坚决反对没有全局观的中层管理者主持工作。

其次，砍掉中层的屁股，就是要求中层管理者走出办公室，下现场和市场，实行走动管理，因为答案在现场。中层管理者不能只在办公室里面打打电话、听听汇报、看看"奏折"，还要到听得见炮声的地方去，并在一线指挥作战。任正非本人也经常下一线体察民情，巡回督战。据说，任正非曾经给华为某些干部送过皮鞋，因为他不满某些华为干部不愿下现场和一线，便讥笑他们吝惜自己的皮鞋，于是就送皮鞋给他们，还规定年底评价时这些干部工作业绩的依据就是看谁的鞋底磨损多。

最后，砍掉中层的屁股，就是要让中层管理者的眼睛盯着客户和市场，屁股对着老板，而不是眼睛盯着老板揣摩"圣意",屁股对着客户不理不睬。华为的核心价值观就是始终坚持以客户为中心,快速响应客户需求。凡是屁股对着客户的管理者,要坚决砍掉他的屁股。

华为公司的员工都是高级"秀才",如何把这些清高的"秀才"改造成能征善战的"兵",任正非可是煞费苦心。他曾在各种场合强调员工要服从组织纪律,要建设流程化组织,建立业务规则。他认为基层员工,不管你是硕士还是博士,都必须遵守公司的流程制度和规则。他在致新员工的一封信中明确指出,华为反对基层员工在不了解公司情况时,就给公司写万言书,对公司发展激昂陈词。基层员工必须按照流程要求,把事情简单高效地做好,不需要自作主张,随性发挥。

任正非认为华为公司的高层管理者要有决断力,中层要有理解力,基层要有执行力,唯有大家坚定不移地各谋其位,各司其职,才能形成攻无不克、战无不胜的狼性团队。

二、创业必知成功四诀

《孙子兵法》说:"古之所谓善战者,胜于易胜者也。

故善战者之胜也，无智名，无勇功，故其战胜不忒。不忒者，其所措胜，胜已败者也。故善战者，立于不败之地，而不失敌之败也。是故胜兵先胜而后求战，败兵先战而后求胜。善用兵者，修道而保法，故能为胜败之政。"在笔者看来，这是《孙子兵法》的核心思想，可以概括为：谋定而动，先胜后战，立于不败，胜于易胜。这也是创业必知的成功秘诀。

所谓谋定而动，就是先要全盘谋划思考明白，想清楚了再行动。所谓先胜后战，就是先要全面查看决定胜负的种种要素，再综合计算成败的概率，有了获胜的把握再作战。所谓立于不败，是指如果没有胜算，没有获胜的把握，就要想办法先立于不败，然后耐心等待或者创造出获胜的机会再行动。所谓胜于易胜，是指评判好的获胜机会的标准就是易胜，或者说是以多胜少、以实击虚，甚至是形成绝对的优势，使对方主动放弃，从而不战而胜。高明的将军就是要想办法创造出易胜（以多胜少、以实击虚、不战而胜）的局面和机会。

1. 谋定而动

《孙子兵法》在开篇《始计篇》中就提出："兵者，国之大事。死生之地，存亡之道，不可不察也。故经之以五事，校之以计，而索其情：一曰道，二曰天，三曰地，四曰将，五曰法。""计利以听，乃为之势，以佐其外。""夫未战而庙算胜者，得算多也；未战而庙算不胜者，得算少也。多算胜少算不胜，而况于无算乎？吾以此观之，胜负见矣。"

孙子为什么以《始计篇》开篇？杜牧注解说："计，算也。曰：计算何事？曰：下之五事，所谓道、天、地、将、法也。于庙堂之上，先以彼我之五事计算优劣，然后定胜负。胜负既定，然后兴师动众。用兵之道，莫先此五事，故为篇首耳。"

无论是战争，还是企业的运营管理，都要面对复杂的博弈、多变的环境以及其他种种不确定因素，因此在行动之前，应尽可能地考虑到各种可能的变化，并制定相应的应对策略。这就好比下棋，普通人下棋只看一两步，业余高手能看三四步，象棋大师能看七八步，人工智能能很轻松地看几十步。这里的看就是计，就是算，就是计算、谋算，正如孙子所说："多算胜，少算不胜"。

管仲说："事者，生于虑，成于务，失于傲。"管仲所讲的"虑"就是谋，"生于虑"就是"生于谋"，一件事首先要有想法，之后才可能转化为行动，最终产生相应的结果，所以"谋"就是"事"的基因和蓝图，决定着"事"的发展与成败。

那么"谋"什么"虑"什么呢？无非道、天、地、将、法也。通俗地讲就是谋虑得失。做一件事情之前，我们一要"算好账",搞清楚做这件事的价值所在,得不得人心(是有道还是无道);二要谋虑是否可行,成功的概率有多大,要做到"知彼知己",清楚做这件事情需要哪些条件,自己现在拥有哪些条件,资源是否匹配,特别是天、地、将方面的资源和条件是否具备;三要谋虑方法,想要取得最好的结果,必须讲究方法、讲究策略,搞清楚"轻重缓急",条件具备时如何胜于易胜,条件不具备时如何立于不败。

越是面对复杂的局面和事物,越是需要进行全面深远的谋划。所以说不谋全局者,不足以谋一隅,不谋万世者,不足以谋一时。反过来,在行动之前谋划得越全面、越深远,事情进展得就越顺利,最终取得的成果也就越大。

谋定而动,可以最大程度地降低行动的代价,提升行动成功的概率。随着技术的进步,谋的形式也从最初人脑中的思考,发展到图纸和沙盘推演,再发展到实战的模拟与演习,最终发展到计算机的模拟与仿真。特别是随着虚拟现实技术的发展,人类在谋方面的能力越来越强,所需要的时间大幅缩减,成功的概率也大幅提升。现在无论是汽车、轮船、飞机、航天器的制造,还是核弹的制造,首先要做的都是进行模型的设计并在计算机中完成绝大部分的仿真模拟,这样汽车、轮船等制作完成后试驾、试航时基本可以一次成功。还有现代制药业，也是首先在计算机中完成复杂的仿真模拟，从而大大缩短研发时间，降低研发成本。

真正的谋，绝不是凭空想象的，而是按事物发展的客观规律去模拟和推演的。事先将所有可能的情形和相应的应对措施尽可能地想深想透，这样在实施时基本上就没有意外了。谋得越深远越接近事物未来发展的真实情况，实施时就越没有意外，成功的代价就越小，成功的概率就越大。这就对"谋"的执行者提出了很高的要求，没有深厚的理论造诣和丰富的实践经验，是很难胜任的。历史上纸上谈兵的赵括就是经典的反例。

但智者千虑，必有一失，真正的"谋"还必须考虑到世界的复杂性以及孕育在其中的不确定性。总会有一些情形事先难以预料，总会有想不到的意外发生，所以必须时刻为应对这种意外做好准备。好的谋划总会预留出部分机动资源，而不是将所有资源、所有力量都用光。

谋定而动是先胜后战、立于不败、胜于易胜的基础和前提，只有谋得正确、谋得全面深远，才有可能做到先胜后战、立于不败和胜于易胜。

2. 先胜后战

先胜后战作为行动准则，本身并不难理解，但做起来并不容易。首先，客观准确地估计胜算的难度就非常高。

其实，从某种意义上讲几乎所有人都是先胜后战的，无论结果如何，大家在开始的时候都信心满满，相信自己会取得胜利。明知不可能取胜而依然出战的情况不是没有，它只会出现在不得不战的时候，即自己无法决定战与不战的时候，但这种情况并不多见。这种对胜利的自信有的是基于"多算"，有的是基于"少算"，有的甚至是基于"无算"，是没有依据的盲目乐观和自信。只有对胜算有正确的、准确的认识，才可能做到真正的先胜后战。

要做到客观准确地估计胜算，最重要的是要有充分的信息，要对敌我双方有充分的了解。所以《孙子兵法》说："知彼知己，百战不殆。不知彼而知己，一胜一负。不知彼不知己，每战必殆。"若能充分掌握敌我各方面的信息，就能做到客观准确地估计胜算，从而做到先胜后战、不胜不战、战则必胜，所以每一战都没有危险。若没有相关信息，客观准确地估计胜算根本无从谈起，在对抗中也必然时时处于被动地位，自然每一战都充满危险。

除了知彼知己之外，如果还能进一步对影响胜负的各种因素有更多了解，那么胜利就有了更大的保障。所以《孙子兵法》说："知吾卒之可以击，而不知敌之不可击，胜之半也；知敌之可击，而不知吾卒之不可以击，胜之半也，知敌之可击，知吾卒之可以击，而不知地形之不可以战，胜之半也。故知兵者，动而不迷，举而不穷。故曰：知彼知己，胜乃不殆；知天知地，胜乃可全。"

先胜后战对心理素质的要求也非常高。每位将领都希望一出兵就有胜机，但现实往往很残酷，往往需要漫长的等待和煎熬才能迎来真正的机会。敌人往往会故意露出各种破绽，千方百计地让你误以为当下是胜机，而实际上却是致命的陷阱。真正的胜机往往需要精心筹划，更需要耐心等待。所以《孙子兵法》说："昔之善战者，先为不可胜，以待敌之可胜。不可胜在己，可胜在敌。故善战者，能为不可胜，不能使敌之必可胜。故曰：胜可知，而不可为。"胜可知，而不可为，特别是在敌我双方各方面都势均力敌的情况下，这时唯一的方法就是等待，等待情况发生变化，等待我方的筹划起作用，等待敌方犯错误。而等待的前提是先活下来，所以先立于不败，先活下来最重要。不仅战争如此，创业也是如此。

要在不能取胜的时候坚持不战，积极地积累力量等待胜利的时机。但在实际中，多数人都不能战胜自己心中的焦虑，认为不战就是不作为，无法忍受，必须要有所作为才能心安，结果可想而知。

要想先胜后战，还有最后一点，那就是要作决断，决断到底拥有多大的胜算可以战，拥有多大的胜算不可以战。由于世界的复杂性和不确定性，百分之百的胜算是不存在的。而胜机往往转瞬即逝，而且失不再来，所以当胜机到来时的决断非常重要。孙正义认为，对于创业来说，当有五成胜算时就动手太过鲁莽了，有七成胜算时就要立即下手，而等到有九成胜算时才下手就太晚了。孙正义的观点值得创业者去借鉴。雷军说风口是创业胜算最大的地方。但风口的到来也是一个过程，如果进入太早，可能创业者都等不到风口的到来；如果进入太晚，可能刚进入，风就快停了，所以进入时机的判断很重要。

无论是个人还是企业，做事都要注意扬长避短，即发挥自己的长处和优势，避开自己的短处和不足，实际上也是要求我们去做自己胜算最大、胜率最高的事，避免去做自己胜算最小、胜率最低的事。这从某种意义上来讲也是先胜后战。优秀的选手都善于用自己的长处去进攻对手的短处，都会千方百计地避免用自己的短处去对抗对手的长处。所谓知己知彼，就是要知道敌我双方各自的长处和短处，从而扬长避短、克敌制胜。

3. 立于不败

怎么理解《孙子兵法》的立于不败呢？

孙子说："故善战者，立于不败之地，而不失敌之败也。"孙子教导我们，不是先求胜，而是先求不败，这是自古以来善战者的制胜秘诀，也是孙子思想的精髓所在。

那么如何才能立于不败，而不失敌之败呢？《孙子》说："昔之善战者，先为不可胜，而待敌之可胜。"结合孙子在《始计篇》中所说的"兵者，国之大事，死生之地，存亡之道，不可不察也"，在《谋攻篇》中所说的"敌则能战之，少则能逃之，不若则能避之"，可见《孙子兵法》始终贯穿着慎战的思想，不战自然就不会败。

在慎战的基础上，孙子提出"先为不可胜"。如何才能先为不可胜？首先，要正确判断敌我双方胜负之数，可胜则攻，不可胜则守，力量有余则攻，力量不足则守。其次，要善于隐藏自保，《孙子兵法》说："善守者藏于九地之下，善攻者动于九天之上，故能自保而全胜也。"

在先为不可胜的基础上，孙子提出"待敌之可胜"，这个"待"字非常重要，意思就是要耐心等待。等待什么？等待易胜必胜的机会，等待已败之敌。所以《孙子兵法》说："古之所谓善战者，胜于易胜者也。故善战者之胜也，无智名，无勇功，故其战胜不忒。不忒者，其所措必胜，胜已败者也。"例如，战国时期赵国名将李牧，在与匈奴对抗中"待敌之可胜"，一待就是十几年，最终一举克敌，一战成功。

立于不败的核心是慎战。战之前，无论是选择空间还是回旋余地都比较大，而一旦开战，开弓便没有回头箭，稍有不慎就可能陷于欲罢不能、骑虎难下、左右为难的境地，此时的局面就失去了控制，胜败也就不在自己的掌握之中了。

自然界的猎手都是兵法高手，对慎战的领悟远超人类。据说即使是老虎这样的猛兽，通常都是进行背后偷袭，很少发起正面攻击。所以有人建议：当感觉身后有猛兽时，最好的办法是迅速转过身与猛兽对视，猛兽此时会非常谨慎，不会轻易发起进攻，从而为你赢得一丝生机。

猛兽在独自面对一群猎物时绝对不会盲目出击，它会先仔细观察这群猎物，然后找出老弱病残的猎物再下手。没有必胜的把握绝不出手，这不就是兵法所谓的慎战和立于不败吗？

巴菲特说他的投资秘诀是"首先要保住本金，其次要保住本金，第三要保住本金"。保住本金的关键当然也是慎战。出手就可能出错，不出错、少出错的根本方法就是不轻易出手，没有好的机会坚决不出手，不见兔子不撒鹰。

反观很多普通股民，恨不得每天都要买进卖出，生怕错失每个机会，往往是一冲动就买入或卖出了，刚买入或卖出不久就后悔了，于是财富不断地缩水。

不战是不败的可靠保障，立于不败，首先就是立于不战，就是有能力想战就战，想不战就不战，有能力将战与不战的主动权掌握在自己手中。当有能力"先为不可胜"时，才有机会"以待敌之可胜"，才有可能等到或创造胜于易胜的战机。

例如，诸葛亮与司马懿对阵，司马懿自知不是诸葛亮的对手，所以他采取的办法就是不战，深沟高垒，坚守不出，以待远道而来粮道艰难的诸葛亮师老兵疲，再寻机取胜。为了诱使、迫使司马懿出战，诸葛亮想尽了办法。为了不战，司马懿也想尽了办法。第六次出祁山，诸葛亮与司马懿两军对垒。诸葛亮好不容易将坚守不出的司马懿诱进上方谷陷阱，试图火攻消灭司马懿，无奈天公不作美，突降暴雨而功败垂成。之后司马懿更加坚定坚守不出的策略，诸葛亮又给司马懿送女人的衣服，让司马懿选择：如果是男人就出战，要不就穿上女人的衣服。司马懿虽然心中大怒，但依然不动声色地接受了诸葛亮的侮辱。司马懿虽然满腹韬略、能屈能伸，但他手下的将军却没有这等见识，纷纷表示誓死也无法接受诸葛亮的侮辱。司马懿无奈只得搬出大魏皇帝，假意向皇帝上表请战，皇帝曹睿也很有水平，分析出了司马懿的真实想法，下旨严令不许出战。之后诸葛亮病逝五丈原，蜀国军政失去主心骨，在魏蜀对抗中更加处于劣势。

要做到慎战，必须以失败为假设来考虑问题。首先假定事情会失败，然后思考、分析、判断、谋划、决策，做这些时都要以避免失败、减少代价为核心。李嘉诚说："做任何事情先考虑失败。"这就是兵法智慧的根本。什么叫大师，大师就是知道自己跟别人一样，上手去干，多半是大败大输，所以特别谨慎。吹嘘自己战无不胜，那不是大师，是大"失"，大失所望。

硅谷所倡导的精益创业，就是在必然出错的假设下，以最小可行产品进行科学试错，是立于不败思想在创业中的精彩实践。

有时候创业之所以失败，与年轻创业者缺乏《孙子兵法》中所强调的立于不败的慎战思想有很大关系。

创业如何立于不败呢？

一个可行的方法就是慎战，不要轻易创业，要学会耐心等待，等本领、资源积累充足了再开始创业。

当一个人大学毕业时，可以先选定一个行业深耕，十年之后，此人在业内已经积累了丰富的经验，相当于将自己立于不败之地，拥有高手的自由：想加薪就找老板，想跳槽有一大堆企业等着，想创业也有本领、有资源。但谁愿意等十年呢？创业吧！年轻人创业，往往哪行也不懂也不熟，仓促之间就选了一个看上去很美的项目开始，虽然也有极少数的成功者，但总体上的成功概率还是很低的。

此外，就是集中所有资源单点突破，从而在局部形成压倒性（易胜必胜）的优势。这其实还是慎战的思想，只优选一个最有可能获胜的战场，然后集中所有的精力和资源攻坚。对于其他点，哪怕看起来很诱人，也要慎之又慎，绝不（至少是绝不轻易）开辟第二战场。

4. 胜于易胜

《孙子兵法》说："古之所谓善战者，胜于易胜者也。善战者之胜也，无智名，无勇功，故其战胜不忒。不忒者，其所措胜，胜已败者也。"

"善用兵者，避其锐气，击其惰归，此治气者也。以治待乱，以静待哗，此治心者也。以近待远，以佚待劳，以饱待饥，此治力者也。无邀正正之旗，勿击堂堂之陈，此治变者也。故用兵之法，高陵勿向，背丘勿逆，佯北勿从，锐卒勿攻，饵兵勿食，归师勿遏，围师必阙，穷寇勿迫，此用兵之法也。"

"兵者，诡道也。故能而示之不能，用而示之不用，近而示之远，远而示之近。利而诱之，乱而取之，实而备之，强而避之，怒而挠之，卑而骄之，佚而劳之，亲而离之。攻其无备，出其不意。此兵家之胜，不可先传也。"

"故用兵之法，十则围之，五则攻之，倍则分之，敌则能战之，少则能逃之，不若则能避之。"

"出其所不趋，趋其所不意。行千里而不劳者，行于无人之地也。攻而必取者，攻其所不守也；守而必固者，守其所不攻也。故善攻者，敌不知其所守；善守者，敌不知其所攻。"

"故形人而我无形，则我专而敌分。我专为一，敌分为十，是以十攻其一也，则我众敌寡。能以众击寡，则吾之所与战者约矣。"

"敌虽众，可使无斗。"

"夫兵形象水，水之形避高而趋下，兵之形避实而击虚。"

"客绝水而来，勿迎之于水内，令半渡而击之利。"

"兵之情主速，乘人之不及，由不虞之道，攻其所不戒也。"

"凡先处战地而待敌者佚，后处战地而趋战者劳。故善战者，致人而不致于人。"

"古之善用兵者，能使敌人前后不相及，众寡不相恃，贵贱不相救，上下不相收，卒离而不集，兵合而不齐。"

《孙子兵法》中的以上论述，以及相关的论述，在篇幅上超过了全文的十分之一，其实都在讲如何胜于易胜，如何创造出易胜的机会。

胜于易胜，是孙子在战术层面的核心思想。在孙子看来，自古以来真正的善战者，都是胜于易胜者，打的都是容易打赢的仗，这样的胜仗平凡得"无智名，无勇功"，就好比十万人打赢了一万人，简直不值得一提。他认为这才是真正的高手。反过来，那些以"智名、勇功"流传千古的传奇战例，那些率军以一敌十的传奇将领，在孙子看来反而算不上真正的善战者和高手。

这听起来让人十分费解，其背后到底是怎样的逻辑呢？

从战术上来说，十万人战胜一万人当然不厉害，一万人打赢十万人当然厉害！但从战略上来看，十万人战胜一万人之所以厉害，关键在于他能够创造出十万人打一万人的机会，因为谁也不会傻乎乎地等着十万人来打自己的一万人。之所以一万人战胜十万人不厉害，是因为将帅不应该让自己陷入这种以一敌十、极其被动的境况之中。

所以胜于易胜的关键是创造出易胜的机会并将其牢牢把握住。反过来，放着易胜的机会不要，非要将自己置于难以取胜的境况，无疑是愚蠢透顶。

了解历史的人都知道泓水之战。春秋时期，公元前638 年，宋国与楚国为争夺霸权而发生了一次战争，战争以宋国失败告终。这场战争之所以有名，并不是因为战争本身有多么精彩，而是因为战争的主角——宋襄公。

周襄王十四年十一月，楚军进抵泓水南岸，并开始渡河，这时宋军已在泓水北岸布列好阵势。大司马公孙固说："彼众我寡，可半渡而击"，建议宋襄公把握战机，乘楚军渡到河中间时开始打击，宋襄公不同意，说仁义之师"不推人于险，不迫人于陋"。楚军得以全部顺利渡过泓水。这时公孙固又奉劝宋襄公乘楚军行列未定之际发动攻击，但宋襄公仍然不理。一直等到楚军布阵完毕，宋襄公这才击鼓进军。可是，宋弱楚强，宋军受到重创，宋襄公也受伤，宋军精锐为楚军所歼灭。宋襄公狼狈逃回宋国，后因伤重而去世，泓水之战以楚胜宋败而落幕。

胜于易胜的根本方法是以强胜弱、以多胜少、以实击虚。以多胜少有个前提，就是单个作战单元的实力相当，或者虽然单个作战单元的实力较弱，但数量上多到足以弥补单个作战单元的弱，使得整体力量更强。所以以多胜少实质上是以强胜弱。所谓实是指力量强的地方，所谓虚是指力量弱的地方，所以以多胜少、以实击虚本质上也是以强胜弱。以实击虚通常指以强大的局部实力去攻击敌方重要而虚弱的部分，经典的运用就是特种兵作战，特别是斩首行动。擒贼擒王，如果能破坏敌军的首脑机关、指挥系统或者通信系统，敌军人数再多也必将陷入群龙无首的混乱之中，将无法有效参与战斗。

但单个作战单元的实力通常难以衡量，所以为确保胜利，以强胜弱最有效的方法就是以多胜少，最好是以十敌一、以五敌一。

在历史的长河中，我们也发现有许多以少胜多的经典案例，那又是怎么回事呢？这就涉及孙子所说的另一个重要方法，就是"敌虽众，可使无斗"，或者说是在总体上处于以少敌多的情况下，让敌人的大部分力量无法参与战斗（或者丧失战斗力），从而改变双方的力量对比，使得实际上己方力量更强，或在局部上己方力量更强。

历史上中国的中原地区深受游牧民族的军事威胁，游牧民族的战法就是"敌虽众虽强，可使无斗"，中原地区的部队总是没有办法找到游牧民族的主力部队与之决战，所以即使中原地区的部队整体上的军事实力占优，也难以取得决定性的胜利。

唐贞观十九年（645），唐太宗李世民御驾亲征高丽，一路攻城略地、所向披靡，高丽在辽东的军事据点接连失守。到6月份，高丽只剩下最后一座军事重镇安市城（今辽宁海城市），成为唐军与高丽双方都志在必得的焦点。高丽国决定不惜一切代价保住安市城，派遣倾国之师十五万大军前来救援。高丽大军被李世民以小股部队佯败引诱到安市城外八里扎营列阵，十五万大军阵营绵延四十里。李世民随后向高丽军示弱，使高丽大军放松了警惕。随后李世民派遣名将李世勣率步骑一万五千人抢占有利进攻地形，派遣长孙无忌率精锐一万一千人秘密迂回到高丽大军背后，自己亲率四千人在北山制高点坐镇指挥。第二天，高丽军统帅发现唐军摆出攻击阵形大吃一惊，立即下令军队迎战，但为时已晚，长孙无忌到达预定战场后发出信号，李世民下令鼓手和旗手发出进攻指令。唐军各部从各个方向对高丽军营发起攻击，高丽统帅根本不清楚唐军到底有多少进攻的兵力，也不知道唐军的作战意图。更可怕的是，由于军营长达四十里，战前又毫无准备，所以根本来不及对十五万部队发布不同的作战指令。高丽各部得不到主帅的指令，只能硬着头皮各自为战，十五万人顷刻之间乱成一团，全线迅速崩溃，阵亡两万多人，唐军大获全胜。

从总兵力对比来看，唐军投入战斗的部队只有两万六千人，而高丽大军有十五万人之多，约是唐军兵力的六倍。唐军之所以能获胜，是因为唐军发挥了每一位士兵的力量，而高丽大军在突遭攻击后，因阵型过于分散又毫无准备，指挥完全失灵，从统帅到士兵个个惊慌失措，根本没有形成有效的战斗力，表面上唐军是以少敌多、以弱敌强，但在实际战斗力上，特别是在两军对战的局部接触面上，反而是唐军以强敌弱、以多敌少。这是"敌虽众，可使无斗"的一个经典案例。

人民解放军著名的十大军事原则是人民解放军能以劣胜优、以弱胜强的军事奥秘所在。十大军事原则最核心的思想就是胜于易胜，其中，以下五大军事原则所讲述的都是如何胜于易胜。

军事原则1，先打分散和孤立之敌，后打集中和强大之敌。

军事原则 2，先取小城市、中等城市和广大乡村，后取大城市。

军事原则 4，每战集中绝对优势兵力（两倍、三倍、四倍、有时甚至是五倍或六倍于敌之兵力），四面包围敌人，力求全歼，不使之漏网。在特殊情况下，则采取歼灭性打击的方法，即集中全力打敌正面及其一翼或两翼，以达到歼灭其一部、击溃其另一部的目的，以便我军能够迅速转移兵力歼击他部敌军。

军事原则 5，不打无准备之仗，不打无把握之仗，每战都应力求有准备，力求在敌我条件对比下有胜利的把握。

军事原则 8，在攻城问题上，一切敌人守备薄弱的据点和城市，坚决夺取之。一切敌人有中等程度的守备、而环境又许可加以夺取的据点和城市，相继夺取之。一切敌人守备强固的据点和城市，等候条件成熟时夺取之。

红军时期有一个著名的十六字运动战口诀："敌进我退，敌驻我扰，敌疲我打，敌退我追"，其指导思想的核心也是胜于易胜，通过运动实现"敌虽众，可使无斗"，通过运动形成局部优势兵力，目的就是要在最有利的情形下与敌人作战。

我国有许多名将，其中出类拔萃者之一就是粟裕。

粟裕的成名之战是苏中战役。1946 年 7 月，国民党军队以 5 个整编师（共 15 个旅约 12 万人）的兵力，大举进攻江苏中部的解放区。在得悉国民党军队将于 7 月 15 日同时进攻黄桥、如皋等地后，为争取先机制敌，华中野战军 3 万多人在司令员粟裕、政治委员谭震林的指挥下，于 7 月 13 日突然向守备较薄弱的宣家堡、泰兴国民党军队发起攻击。

在一个半月内，华中野战军进行了宣（家堡）泰（兴）攻坚战、如（皋）南战斗、海安运动防御战、李堡战斗、丁堰林梓攻坚战、邵伯阵地防御战和如（皋）黄（桥）公路遭遇战，取得了"七战七捷"的战果。8 月 26 日，苏中战役胜利结束。粟裕以 3 万劣势兵力迎战 12 万美械国民党军队，七战七捷，大获全胜。

9 月 16 日名为"集中优势兵力，各个歼灭敌人"的指示中专门以苏中战役为例，指出这是战胜敌人的主要作战方法，不但应用于战役而且应用于战术的部署，以求全歼、速决。为此，不惜放弃一些城市和地区，争取主动，集中优势兵力，选择敌人薄弱或孤立的部分，在战斗中予以各个歼灭，消灭敌人的有生力量，壮大自己的力量。"集中优势兵力，各个歼灭敌人"自此成为解放军十大军事原则的核心内容。

"集中优势兵力，各个歼灭敌人"的实质是将整体兵力不处于劣势甚至占优的敌人，分割成一个个小部分，然后用优势兵力一小口一小口地"吃"掉，最终化整为零，将敌人逐步消灭。这其中的关键策略之一是避敌锋芒，甚至不惜放弃一些城市和地区，这样敌虽众虽强，却没有与我们作战的机会，自然也没有取胜的机会。关键策略之二是集中优势兵力，打击敌人薄弱或孤立的部分，在运动中予以逐个歼灭。军队能灵活运动是这种作战方法的基础。

粟裕最经典的战例是在孟良崮歼灭国民党军队王牌张灵甫的全美式装备整编 74 师的战役，这场战役也是这一战法的经典应用。当时国共两军的总体兵力对比，是国民党军的 11 个整编师共 45 万人，进攻山东华东野战军的 27 万人。刚开始国民党军队来势汹汹，华东野战军采取避敌锋芒的策略退出临沂。国民党军轻松占领临沂后，以为我军怯战，所以决定乘胜追击。汤恩伯的第一兵团冲锋在前，其中张灵甫的整编 74 师作为前锋，李天霞的整编 83 师和黄百韬的整编 25 师作为侧翼。

张灵甫军队一路高歌猛进，在顺利占领几个地方之后，想要直接拿下坦埠。但此时华野已出动十几个纵队，所以李天霞军队想要撤退。但张灵甫已被胜利冲昏头脑，根本不听任何建议，所以一直向前与侧翼部队逐渐拉开了距离。利用这个空隙，华东野战军迅速出动 27 万大军，将张灵甫军队牢牢包围并彻底切断他们与侧翼部队的联系。张灵甫军队 3 万人被华野 15 万人猛攻三天三夜，最终全部被歼灭或俘虏。

　　孟良崮之战，华东野战军在总兵力上处于劣势地位，但通过避敌锋芒，诱敌深入，等到了张灵甫军队孤军深入的战机，然后通过迅速地集中优势兵力，将张灵甫分割包围，在局部创造出以 15 万人对 3 万人的绝对优势兵力，一举将敌歼灭。

　　"集中优势兵力，各个歼灭敌人"无疑是胜于易胜的主要战法，是在整体上"以弱敌强、以少敌多"时创造局部"以多胜少、以强胜弱"的重要方法。

　　5. 延伸阅读：胜于易胜——财富人生的指数秘诀

　　"胜于易胜"的思想要如何应用在个人财富上呢？在这里我想把人生财富增长问题数字化，通过一个简单的数学模型来分析问题。

　　假定一个人刚开始从 1 万元开始创富，如果他的创富速度是每年增长 4%（10 年 1.5 倍），7.2%（10 年 2 倍），11.6%（10 年 3 倍），14.9%（10 年 4 倍），17.5%（10 年 5 倍），19.6（10 年 6 倍），21.5%（10 年 7 倍，23.1%（10 年 8 倍），24.6%（10 年 9 倍），25.9%（10 年 10 倍），41.4%（10 年 32 倍），58.5%（10 年 100 倍），99.5%（10 年 1000 倍），151.2%（10 年 10000 倍），那么 5 年、10 年、15 年、20 年、30 年、40 年、50 年、60 年后，他的财富会增长多少倍呢？答案可能会让你感到惊愕！具体数据见表 4-1。

表 4-1 指数增长与人生财富（财富增长倍数）

增长率 ＼ 时间（年） 财富倍数	5	10	15	20	30	40	50	60	典型代表
4%	1.2	1.5	1.8	2.2	3.2	4.8	7.1	10.5	美国经济增长速度 股市96年以来增长速度
7.2%	1.4	2	2.8	4	8	16	32	64	
11.6%	1.7	3	5.2	9	27	81	243	729	
14.9%	2	4	8	16	64	256	1024	4096	中国经济增长速度 股市90年以来速度
17.5%	2.2	5	11.2	25	125	625	3125	15625	巴菲特收益率
19.6%	2.4	6	14.7	36	216	1296	7776	46656	深圳房价增长速度
21.5%	2.6	7	18.5	49	343	2401	16807	117649	北京房价增长速度
23.1%	2.8	8	22.6	64	512	4096	32768	262144	
24.6%	3	9	27	81	729	6561	59049	531441	
25.9%	3.2	10	31.6	100	1000	1万	10万	100万	
41.4%	5.7	32	181.0	1024	32768	1048576	33554432	10.7亿	摩尔定律速度
58.5%	10	100	1000	1万	100万	1亿	100亿	1万亿	基因测序速度
99.5%	31.6	1000	31622.8	100万	10亿	1万亿	1千万亿	100亿亿	基因测序初期
151.2%	100	10000	100万	1亿	1万亿	1亿亿	1万亿亿	1亿亿亿	独角兽增长速度 基因测序速度
169.0%	140.9	19865.8	280万	3.95亿	7.84万亿	15.6万亿	30.9万亿亿	61.5亿亿亿	阿里巴巴增长速度

表 4-1 给了我们什么启示呢？笔者认为主要有以下两方面。

何谓好的行业？两个标准：其一，持续增长的空间足够大，可持续增长的时间足够长，越大越长越好；其二，持续增长的速度足够快，在空间足够大、时间足够长的前提下，越快越好。

什么是耐心的老员工？就是在行业坚持的时间足够长，越长越好。对员工如此，对创业者来说也是如此。

信息产业的发展为什么如此深刻地改变了世界？就在于信息产业以摩尔定律速度持续增长了 110 年，增长了约 3.6 亿亿倍。信息产业是指数增长的经典，摩尔定律是描述指数增长规律的经典，这两个增长规律最符合上面所阐述的两个标准。

巴菲特为什么能成为股神？原因还是一样的，增长的速度足够快（职业生涯平均 10 年 6 倍，年化 20% 左右，中年达到 10 年 10 倍，年化 26% 左右），持续的时间足够长。与许多昙花一现的"股神"高达 1 年 10 倍甚至更高的收益率相比，巴菲特的收益率简直太低了，所以经常受到这些"股神"的嘲笑。但当潮水退去，大浪淘沙，"股神"们随风而去不知所终时，只剩下巴菲特笑傲江湖。巴菲特的过人之处是他能保持 60 年的持续快速增长。10 年 6 倍并不神奇，但将这个收益率持续 60 年，总回报可以达到 4 万多倍，这就是股神巴菲特财富人生的指数秘诀,就是"真股神"的神奇之处和指数增长的惊人之处!

很多在北上深工作的同学,因为工作生活所需被迫在当地买房子,也一不小心成为千万富翁了。为什么?我们看到北京和深圳近15年房价上涨的速度,深圳达到了巴菲特的水平,北京更是远远超越了巴菲特的水平。15年分别增长14.7倍和22.6倍,如果再算上银行5倍杠杆(20%的首付),获利将分别达到73.5倍和113倍之多。这意味着什么? 15年前如果你在北京首付10万买了套房,15年后的今天,你将获得高于1120万的利润,远远超过工薪阶层毕生的工资收入。中国的房地产还值得投资吗?就看未来10年房价是不是还能持续增长,是不是还能维持较高的增速。

反过来,近20年投资中国股市的朋友平均能够获得的回报,其平均增速就只达到了美国经济的增速,即每年4%左右,也就是10年1.5倍,15年1.8倍的水平。15年前如果在股市投资10万,平均来看,15年后的回报是8万的利润。这还只是平均水平,股市中真正赚钱的股民占比不到5%,其余95%的散户股民恐怕是亏损的。但实际上,如果你从1990年开始就投资股市,这些年来的平均回报恰好能达到中国经济从1978年到2016年的平均增速,即15%左右。有一种说法是中国股市没有反映经济的基本面,如果从股市成立至今这些年来看，其增速与中国经济增速还是高度同步的。那么中国经济和美国经济增长差距有多大呢？美国 40 年增长 4.8 倍，中国 40 年增长 256 倍。

我们再来看看阿里巴巴的增速，就能更好地理解马云创造的奇迹了。阿里巴巴从 1999 年 50 万元人民币的注册资本开始创业，15 年后即 2014 年在美国上市，市值 2300 亿美元（约合 1.4 万多亿元人民币），15 年间阿里巴巴的市值增长了 280 万倍，平均年化增长率为 169%。还有那些独角兽公司，据统计 2015 年全球 200 多家独角兽公司，平均成立时间为 6.7 年，但平均年化增长率可达到 150%，大约是 10 年 10000 倍，15 年 100 万倍的增速。

我们应该怎么做才能实现财富人生？实现卓越人生？

指数增长的秘诀告诉我们，首先，优选一个能干 40 年的事，然后就干 40 年，最后就是尽可能提升每年的成长速度。

如果一件事情干 40 年，每年成长的速度分别是 1%，2%，3%……，20%（巴菲特水平），23%（北京房价增速），41%（摩尔定律速度），40 年后的情形差异有多大呢？如表 4-2 所示。

表 4-2 不同成长速度下财富的倍数

财富倍数 时间（年） 增长率	5	10	15	20	25	30	35	40	参照
1%	1.05	1.10	1.16	1.22	1.28	1.35	1.42	1.49	
2%	1.10	1.22	1.35	1.49	1.64	1.81	2.00	2.21	存款利率（1.5%）
3%	1.16	1.34	1.56	1.81	2.09	2.43	2.81	3.26	
4%	1.22	1.48	1.80	2.19	2.67	3.24	3.95	4.80	20 年翻番，美国经济速度
5%	1.28	1.63	2.08	2.65	3.39	4.32	5.52	7.04	
6%	1.34	1.79	2.40	3.21	4.29	5.74	7.69	10.29	
7%	1.40	1.97	2.76	3.87	5.43	7.61	10.68	14.97	10 年翻番
8%	1.47	2.16	3.17	4.66	6.85	10.06	14.79	21.72	
9%	1.54	2.37	3.64	5.60	8.62	13.27	20.41	31.41	
10%	1.61	2.59	4.18	6.73	10.83	17.45	28.10	45.26	
11%	1.69	2.84	4.78	8.06	13.59	22.89	38.57	65.00	
12%	1.76	3.11	5.47	9.65	17.00	29.96	52.80	93.05	
13%	1.84	3.39	6.25	11.52	21.23	39.12	72.07	132.78	
14%	1.93	3.71	7.14	13.74	26.46	50.95	98.10	188.88	
15%	2.01	4.05	8.14	16.37	32.92	66.21	133.18	267.86	5 年翻番，中国经济速度
16%	2.10	4.41	9.27	19.46	40.87	85.85	180.31	378.72	
17%	2.19	4.81	10.54	23.11	50.66	111.06	243.50	533.87	
18%	2.29	5.23	11.97	27.39	62.67	143.37	328.00	750.38	
19%	2.39	5.69	13.59	32.43	77.39	184.68	440.70	1051.67	
20%	2.49	6.19	15.41	38.34	95.40	237.38	590.67	1469.77	10 年 6 倍，巴菲特收益率 深圳房价速度
23%	2.82	7.93	22.31	62.82	176.86	497.91	1401.78	3946.43	10 年 8 倍，北京房价速度
26%	3.18	10.09	32.03	101.72	323.05	1025.93	3258.14	10347.18	10 年 10 倍
41%	5.57	31.06	173.10	964.68	5376.23	29962.18	166981.72	930603.12	2 年翻番，摩尔定律速度

表 4-2 告诉我们，不同的增速在经过 40 年的指数增长之后，差异是非常巨大的，而且随着增速的提升，再增加 1% 的速度所带来的影响越来越大。我们将上表增长 10 年、20 年、30 年、40 年的部分数据绘制成图形，可能就更加直观了，见图 4-5。

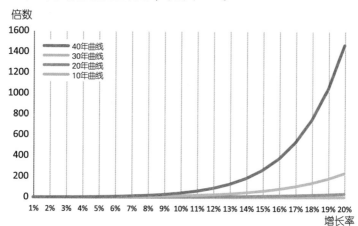

图 4-5　财富倍数图

从图 4-5 可以得出两个结论：一是当增速不高（比如说都低于 10%）时，即使增长 40 年，差异也不是太大（从速度 1% 的约 1.5 倍到速度 10% 的约 45 倍）；二是增长时间不够长时（比如 20 年），差异也还不是太大（从速度 1% 的 1.22 倍到速度 20% 的 38 倍多）。而当增速高而持续时间又足够长时，差异就非常巨大了。

那么速度和时间哪个更重要？

我们可以作这样一个对比,一种情形是某个人甲一件事情干 40 年,对比的情形是某个人乙 5 年换一件事重新开始,40 年干了 8 件不同的事。假设乙选择的 8 个事业都按摩尔定律增长。那么 40 年后他的总回报是 44.56 倍。甲的增速要达到什么水平总回报才能超越乙呢?查看图 4-5 可知,增速 10% 持续 40 年的总回报是 45.26 倍。再假如某人丙 10 年换一次工作,40 年换 4 次工作,每项工作也都实现了摩尔定律的增速,此时甲的增速需要达到什么水平才能在总回报上超越丙呢?查看图 4-5 可知,丙 40 年的总回报为 124.24 倍,甲的增速达到 13% 时,总回报为 132.78 倍,即可超越丙。

但要找到 4 项、8 项按摩尔定律增长的事情非常不易,而找到年回报增长率为 10%、13% 的事情要相对容易得多,当然重要的是要坚持干 40 年,40 年始终保持这样的增长率。中国的经济在过去 38 年保持了 15% 的增速,在这 38 年达到国家经济的平均增速显然不是难事,年均 15% 的增长率经过 38 年的回报约是 202.5 倍。这个速度是剔除通货膨胀的速度,如果再考虑到通货膨胀(38 年通胀 6.24 倍),则增长了 1264 倍,名义增速达到了 20.67%,达到了巴菲特投资回报率的速度,中国经济名义增长率保持了 38 年股神的速度,不得不说是一个非常伟大的成就。如果甲以 20.67% 的增速持续工作 40 年,总回报将达到 1836 倍,将是乙总回报的约 40 倍，是丙总回报的约 15 倍。

持续时间长为什么这么重要？

奇点大学创始人兼校长雷·库兹韦尔讲了个棋盘下半场的故事，非常具有说服力。印度国王要赏赐发明国际象棋的宰相，宰相要的赏赐是在国际象棋的棋盘上，第一格放 1 粒麦粒，第二格放 2 粒麦粒，第三格 4 粒，依次类推，后面一格放的麦粒数是前面一格的两倍。这是一个尽人皆知的故事。

在这个故事中，国王在棋盘的上半场即前 32 格很可能意识不到问题的严重性。宰相最初得到了一勺麦粒，接下来一碗麦粒，然后一堆麦粒……到棋盘的上半场结束时，宰相已经累计得到了 43 亿粒麦粒（大约 23 吨）——此时，国王终于开始注意到问题的严重性了。

那么上半场和下半场的差距有多大呢？不妨做个简单的计算：

上半场的麦粒数：4 294 967 295（即 $2^{32}-1$ 粒）；

下半场的麦粒数：

18 446 744 069 414 600 000=4 294 967 296 ×

4 294 967 295（即 $2^{64}-2^{32}=2^{32} \times (2^{32}-1)$ 粒）

下半场的麦粒数约是上半场麦粒数的 43 亿（4 294 967 296）倍！

在一个新兴的大市场深耕，数十年磨一剑，一辈子只做这一件事情，并将这件事情做到极致，这就是财富人生的指数秘诀，这就是胜于易胜，这才是真正的创业捷径！